우리가 모르는 건 슬픔이 됩니다

일러두기

1. 저자의 학년은 이 책을 집필한 2020년 기준이다.
2. 이 책에서는 '조선', '한반도'라는 용어를 사용하는데, 이것은 대한민국·북한의 총칭으로 어느 한쪽만 가리키는 것이 아니다.
3. 국내에 출간된 도서는 출간 제목을 따랐고, 국내에 소개되지 않은 도서는 제목을 번역후 원어로 병기했다.
4. 옮긴이 주와 편집자 주는 모두 *으로 표시했다.
5. 원서의 '조선민주주의인민공화국'은 국립국어원 표준국어대사전에 의거하여 '북한'으로 번역했다.

우리가 모르는 건 슬픔이 됩니다

히토쓰바시대학교 사회학부 가토 게이키 세미나 펴냄

가토 게이키 감수 ― 김혜영 옮김

일본 대학생이 마주한,
일본이 왜곡한 차별과 배제의 역사
그리고 '한일'의 미래

해피북스
투유

프롤로그

지금 이 페이지를 펼쳐본 당신에게.

우선 만나 뵙게 되어 기쁩니다. 과연 어떤 사람이, 어떤 계기로 이 책을 손에 쥐었을까. 창밖을 바라보면서 그런 상상을 합니다.

잠깐 우리를 소개해 보죠. 우리는 우연히 만난 청년들이었습니다. 같은 세미나에서 일주일에 딱 한 번 얼굴을 마주하는 대학생이었죠. 자라난 동네도, 동아리도, 취미도, 성격도 제각각이었습니다. 그런 우리가 왜 책을 만들게 되었을까. 신기한 마음으로 되돌아봅니다.

처음부터 책을 만들어야겠다고 생각한 건 아니었습니다. 우연한 계기로 한국에 관심이 생겼는데, 역사는 잘 몰랐습니다. 인터넷에서 떠도는 정보에, 가족과 친구의 말에 왠지 모르게 답답해하고 있었을 뿐입니다. 하지만 마음에 걸리는 어렴풋한 고민의 실체조차 무어라 말로 표현하기 어려운 상태였습니다. 차라리 고민을 때려치울까 싶었던 게 예전의 우리 모습이었습니다.

일본인인 당신의 생각을 묻고 싶습니다. 케이팝 팬인 당신, 한국인 친구나 동료가 있는 당신, 한일관계 뉴스를 지하철 안에서 모르는 척 슬쩍 본 당신. 한순간이라도 우리와 같은 답답함을 느낀 적이 없었을까요?

이 책은 그런 마음을 일단 말로 표현하는 것에서부터 시작합니다. 그것은 히토쓰바시대학교 사회학부 가토 게이키 세미나(이하, 가토 세미나) 시간에 우리가 각자 안고 있던 '답답함'을 서로 이야기하는 것부터 시작한 것과 같습니다. 몇 번이고 멈춰서서 돌아보았습니다. 이 찜찜함의 정체는 무엇일까, 그리고 왜 답답해지는 걸까. 세미나는 언젠가부터 그런 것을 나누는 공간이 되었습니다. 그때까지는 모르는 것투성이였고, 다른 사람에게 묻기도 어려웠습니다. 그래서 이 공간을 더 많은 사람과 공유하고 답답함에 관해 이야기를 나누고 싶다는 생각이 들었습니다.

이 책은 총 네 장에 걸쳐 한일관계에 대해 우리와 같은 찜찜함을 품은 당신과 이야기 나눌 수 있도록 만들었습니다.

우선 1장에서는 일본인이 일상생활 중에 느끼는 답답함, 예컨대 한국과 일본에 관련한 정보 중 대체 어떤 정보가 진짜인지 몰라서 느끼는 답답함을 공유하면서 역사를 알아가는 입구로 안내합니다.

2장에서는 주로 한국 연예인의 말과 행동을 통해 한일관계에서 무엇이 문제가 되는지 기본적인 사항을 포함해 정리해 보려고 합니다.

나아가 3장에서는 한일관계를 통해 현재 우리들이 살아가고 있는 사회를 되돌아봅니다.

4장에서는 지금까지 정리한 내용을 바탕으로 일본인이 케이팝을 좋아할 때면 듣는 어른들의 비판 등, 우리가 한국과 연관될 때 직면하는 문제에 대처하는 방법을 고민해 보았습니다.

각 장의 마지막에는 우리가 한일관계에 관해 나눈 좌담회 내용을 실었습니다. 우리의 생생한 목소리가 당신에게 닿을 수 있다면 무척 기쁘겠습니다.

이 책이 우리와 독자 여러분이 한일관계를 함께 생각하고 마주하는 계기가 될 수 있기를 간절히 바랍니다.

2021년 2월
집필자를 대표해,
우시키 미쿠

이 책을 만든 사람들

아사쿠라 기미카 朝倉希実加
사회학부 3학년. 1999년생으로 도쿄에서 자람. 한국 화장품을 좋아해서 평소에 쓰기도 하고 SNS에서 구경하기도 한다. 최근에는 한국 잡화의 귀여움에 빠져 하나씩 모아가는 중이다.

이상진 李相眞
사회학부 4학년. 한국인 유학생이다. 일곱 살 때 1년간 일본에 산 적이 있지만, 그 외에는 계속 한국에서 지냈다. 요즘은 길을 걸으면서 케이팝을 듣고, 시간이 나면 한국 음식을 먹으면서 넷플릭스로 한국 드라마나 영화를 본다.

우시키 미쿠 牛木未来
법학부 4학년. 도쿄에서 나고 자랐지만 도심은 잘 모른다. 서울, 부산, 전주, 제주도에 다시 한번 가고 싶다. 한국에서 먹은 치맥은 최고였다. 평소에 어반자카파 등 잔잔한 느낌의 노래를 들으며 마음을 차분히 가라앉히는 편이다.

오키타 마이 沖田まい
사회학부 3학년. 1999년생. 도쿄에서 나고 자람. 좋아하는 한국 음식은 김치찌개. 신오쿠보의 가게에서 마신 생막걸리의 맛을 잊을 수 없다 (가게 이름은 잊어버렸다. 웃음).

구마노 고에이 熊野功英
사회학부 3학년. 1999년생 도쿄 출신. 케이팝 가수 중에서는 DAY6, 아이유, BTS를 좋아한다. 넷플릭스로 인기 있는 한국 드라마를 보는 것도 좋아한다. 좋아하는 한국 영화는 〈클래식〉과 〈벌새〉.

하바 이쿠호 羽場育歩
사회학부 4학년. 저자들의 캐리커처를 그려주었다.

차례

3장 한일관계로 되묻는 우리 사회

4장 '사실은 알지만……', 여전히 혼란스러운

1장

일본인이
느끼는
답답함

1장에서는 케이팝, 한국 드라마 등 한국에 관심 있는 일본인들이 흔히 겪는 답답한 상황을 들여다보려고 한다. 우리들 그리고 우리의 친구나 지인의 일화를 읽으며 당신도 한번 되돌아보기를 바란다.

일본은 관용이 넘치는
상냥하고 친절한 나라 아니었어?

오키타 마이

당신은 어떤 답답함에 이 책을 펼쳤을까. 사상 최악의 한일관계? '위안부' 문제? 아니면 헤이트 스피치? 매일 뉴스를 보면서, 역사 수업을 들으면서, 혹은 서점에 진열된 책을 보면서 작지만 무언가 가슴에 콕 박히는 위화감을 느낀 사람도 있을 것이다. 어쩌면 이 답답함의 정체가 무엇인지, 어디서부터 실마리를 찾아야 할지 알 수 없어 생각의 물꼬를 틀기도 전에 복잡함에 압도당했을지도 모른다. 나 또한 그렇게 단순하게 살아가는, 세상 물정 모르는 사람이었다.

생각해 보면 제일 처음 답답함을 느낀 건 초등학생 때였다. 다문화가정 아이가 조금 많은 초등학교였는데, 나는 아프리카 출신의 여자아이와 자주 대화를 나눴다. 그 아이는 나와 이야기를 나눌 때는 아주 밝고 즐거워 보였는데, '외국인'이나 '피부색이 다르다'라는 이유로 반 친구들에게 놀림을 당하기도 했다. 말을 잘하거나 친구들과 쉽게 어울리는 유형의 사람이 아니었던 나는 어떻게 하면 이 반에서 평화롭게 지낼 수 있을까를 고민하느라 그냥 보고만 있었다. 당시 아무것도 하지 못한 내가 싫었다.

사랑이라고 하기 어색한 첫사랑도 초등학생 때 찾아왔다. 좋아하는 사람이 있다는 사실만으로 마음이 붕 뜨고 떨리던, 무엇이든 엄마에게 보고하던 나이였다. 자연스럽게 엄마에게 좋아하는 사람이 생겼다고 고백했는데 왠지 모르게 상대가 한국인이라는 사실만은 털어놓을 수 없었다.

가슴 한구석이 답답했던 나는 그곳을 벗어나기 위해 초등학교 6학년 때 일부러 시험을 보고 도립 중고일관교*에 진학했다. 비슷한 환경의 유복한 아이들뿐이라 다문화가정 아이는 없었던 것 같다(지금 생각해 보면 이것도 어쩐지 마음이 불편하다).

그곳에서도 쉽사리 적응하지 못한 나는 학교 도서관에 틀어박혔다. 그러던 어느 날 나는 대학교 교원이 고등학생을 대상으로 대학교와 장래에 관해 쓴 책을 발견했는데, 그 안에 내 시선을 끈 구절이 있었다.

'대학교에 들어가도 왕따는 있죠?'

---

* 중학교와 고등학교를 통합하여 6년제로 운영하는 일본의 교육 시스템.

필자의 대답은 '아니오'였다.

'대학에 들어가면 자유가 됩니다. 왕따 같은 불필요한 일에 시간을 들일 필요가 없죠. 서로 존중하거든요. 마음이 맞지 않는 상대와는 거리를 두면 됩니다.'

어렸던 나는 그 구절에 희망을 품었다. 각자 마음이 맞는 사람하고만 어울려도 된다면, 남들과 똑같아야만 한다는 가치관이나 숨 막히는 갑갑함에서 벗어날 수 있을지 모른다. 대학은 아주 이상적인 세상일 것 같았다.

하지만 고등학교에 들어간 나는 대학 교직원으로 일하는 아버지로부터 놀라운 이야기를 들었다.

"외국에서 살다 들어온 여학생이 히토쓰바시대학교에 진학한 걸 후회하는 모양이더구나. 영어 수업 시간에 말만 하면 다들 놀라고, 좋아하는 옷을 입었다가 노출이 많다고 지적받았다면서 말이다."

꿈에 그리던 대학이 설마 싶었다. 대학생은 성인이니까 시시한 일에는 시간을 쓰지 않는 것 아니었어? 대학생이 되어도 고등학생 때랑 다를 바가 없는 거야? 남들과 조금 다르게 행동하면 공격받는 거야? 순진하던 내가 처음으로 명확한 비판의식을 가졌을 때, 그것은 '성인'과 '사회'에 대한 실망과 결을 같이했다.

괴롭힘은 어디를 가든 없어지지 않는 거야? 아니, '남들과 똑같은 것이 당연한' 동질성이 높은 공간에 있으면, 상대에게 귀기울이지 못하게 되는 거야?

'그건 어쩌면 나도 예외가 아닐지도…….'

그때부터 서점에 진열된 혐한 서적, 동성혼 비판, 일본 문화를 추켜세우는 TV 프로그램과 그것을 즐겨 보는 가족의 모습 등 다양한 것들이 신경 쓰이기 시작했다.

일본은 '관용이 넘치는 상냥하고 친절한 나라'나 '문화를 받아들이며 진보해 온, 세계에 자랑할 만한 나라'와 거리가 멀었다. 하지만 내가 성인이 되는 과정에서 그런 현실에 가담하는 것만은 싫다. 그렇지 않은 삶을 살아가고 싶었고, 조금이라도 더 나은 세상을 만들고 싶었다.

그래서 대학교는 사회학부로 진학했다. 그래도 위화감을 씻어낼 수는 없었다. 무언가 부족한 게 아닐까, 무언가 빠진 게 아닐까 하는 찜찜함이 늘 나를 따라다녔다.

'사회의 보편적인 이론'이란 게 실재할까? 나 자신과 내 주변을 둘러싼 세상을 내가 제대로 알고 있는 걸까? 그런 의문이 생겨났다.

그 위화감이 확신으로 바뀐 것은 대학교 2학년 때였다. '조선의 역사와 문화'라는 강의를 들었는데, 일본이 조선을 식민 지배한 시대(1910~1945년)의 이야기가 나왔다. 강의 중에 소개된 《문서 미나마타 민중사 제5권 식민지는 천국이었다 聞書水俣民衆

史 第5巻 植民地は天国だった》라는 증언집은 너무 충격적이었다. 그 안에는 식민지 지배자로서 조선에 건너간 일본인들의 조선인에 대한 노골적인 편견과 차별, 폭력 등 외면하고 싶은 것들이 적나라하게 묘사되어 있었다. 그리고 현재도 그렇다는 사실을 부인할 수 없었다.

나는 고등학생 때 그렇게 열심히 세계사를 공부했건만 그 본질을 전혀 알지 못했다. 역사를 남의 일로만 취급했다. 차별과 편견이 싫어서 바꾸고 싶다고 누누이 말해놓고서 어째서 오래전부터 일본에 존재한 편견과 차별을 이렇게나 모르고 지낼 수 있었을까. 나도 어쩌면 마음 저 깊숙이 편견을 갖고 있었던 건 아닐까. 나도 어쩌면 식민지 지배라는 과거를 외면하고 있던 건 아닐까.

까끌까끌한 찜찜함, 나에 대한 실망 그리고 흔들리는 정체성. 과거에 저지른 일은 분명 폭력적이고 잔혹한 지배였는데, 어째서 나는 그것을 무의식적으로 '정당화'했을까. 어째서 똑바로 보지 못했던 것일까. 알면 알수록 발밑이 기우뚱거렸다. 그래도, 그렇기에, 더 알고 싶었다.

당신의 마음을 답답하게 만든 것은 무엇일까?

무엇에 실망했을까?

무엇을 이대로 둘 순 없다고 곱씹었을까?

세상 물정 모르고 순진했던 나에게는 그것이 바로 '한일관계', '역사 문제' 그리고 '사회'였고, 나 자신이 미래를 위해 지금

16

어떻게 행동할까를 고민하는 일이었다. 그리고 그것은 나 혼자만의 문제는 아니었다.

마음 한구석에 답답함의 편린을 붙잡았다면, 까끌까끌한 감정을 손바닥에 올려놓고 일단 똑바로 바라보는 것부터 함께 시작해 보자.

'최애'*가 '반일'일지도 몰라

구마노 고에이

이 책을 집은 일본인 중에는 케이팝이나 한국 드라마를 좋아하는 사람도 있을 것이다. 나도 한국 문화를 좋아하는 사람 중 하나인데, 한국 문화를 좋아하면 이런 문제에 맞닥뜨리곤 한다.

'최애'가 '반일'일지도 몰라…….

좋아하는 연예인이 생기면 그 아이돌이나 배우가 어떤 이야기를 했고 어떤 옷을 입었으며, SNS에 어떤 글을 올렸는지, 또 어떤 드라마에 나왔는지 등 여러 가지 정보를 자연스레 알게 된다. 그러다 최애의 '반일적'인 언행을 보고 들을 때면, 그들이 일본을 실제로 어떻게 생각하는지, 왜 일본에도 팬이 있는데 그런

---

* '최고로 애정하는 것'을 뜻하는 신조어.

언행을 하는지 당혹스러웠던 적도 적지 않을 것이다.

특히 한일의 역사나 정치에 관한 문제에서 이런 언행을 보고 듣는 때가 많을 것이다. 내 주변에서도 이런 이야기를 한다.

"한국의 유명 연예인이 '원자폭탄 그림이 있는 티셔츠'를 입었어. 왜 굳이 그런 티셔츠를 입었을까? 세계적으로 유명한 데다 일본에서도 활동하는데 말이야. 티셔츠의 의미를 몰랐던 걸까?"

"최애가 '위안부' 굿즈를 착용해서 일본 인터넷 기사에 '반일이다!'라고 쓰여서 솔직히 충격받았어."

"한국 연예인이 투표하러 갔다며 셀카를 올렸는데, 정치적인 것 같아서 일본을 어떻게 생각하는지 마음에 걸려."

"한국 드라마는 좋아하지만 '반일적'인 장면이나, 내가 좋아하는 배우의 '반일적'인 언행은 어떻게 받아들여야 할지 모르겠어."

이런 답답함에 대해 '해당 연예인도 한국인이고 한국에서 교육을 받았으니 어쩔 수 없다'라고 받아들이는 사람도 있을 것이다. 거꾸로 이제 그만 좋아해야겠다고 생각하는 사람도 있을지 모른다. 왠지 배신당한 듯한 기분이랄까. 좋아하는 마음이 클수록 충격도 클 것이다.

그렇다면 이런 문제를 어떻게 받아들여야 좋을까. 아마 이 책을 집은 일본인이라면 '이제 역사를 모른 채 넘어갈 수는 없겠다'라고 느꼈을 것이다. 결론부터 말하자면 역사는 반드시 알아야 한다. 그런데 이때 기억해야 할 것이 있으니 바로 '인권'이다. 역사 문제를 정치나 외교 문제로 취급하는 것이 아니라 인권 문제로 생각해야 한다는 말이다. 이 내용에 대해서는 2장 이후에 차분히 생각해 보자.

'인권'이라고 하면 나와는 거리가 먼 이야기로 느껴질지도 모른다. 하지만 이 책을 읽어나가다 갑자기 답답한 마음이 들 때, 부디 이 '인권'을 떠올려주기 바란다. 여러분이 역사 문제와 마주할 때 분명 큰 도움이 될 것이다.

한국이 좋다고 했을 뿐인데

구마노 고에이

일본에서는 그게 무엇이든 한국과 관련되면 부정적인 반응이 튀어나오는 경우가 있다. 내 주변인의 이야기를 소개해 보겠다.

한국인 애인을 일본에 데려왔을 때, 할아버지 댁에 계시던 손님 두 분과 할아버지가 일본어를 모르는 애인 앞에서 '한국인은 전부 반일'이라는 식으로 한국 험담을 시작하셨다. 너무 화가 나서 언쟁을 벌이고 말았다.

한국으로 여행 간다고 했더니 "한국에 가도 괜찮겠어?", "일본인인 걸 알면 공격당할걸." 같은 이야기를 들었다.

일본인 관광객이 많이 찾는 서울 명동.

아르바이트하는 가게에서 케이팝을 좋아한다고 했더니 "왜 한국 노래 같은 걸 좋아하는 거야?"라는 말을 들었다.

친구들 모임에 한국 과자를 사서 가져갔다가 "한국 음식은 집에서 먹지 말라고 그랬어."라며 거절당했다.

이렇게 한국에 대한 부정적인 이야기를 들어본 사람이 있을 것이다. 사실 나도 이런 경험이 있다. 아르바이트하는 가게에서 손님에게 한국어를 배우고 있다고 말하자, 그 손님이 한국에 갔을 때 한국인의 서비스가 마음에 들지 않았다거나 예전 한국인

동료에 대한 불만을 터뜨리며 "한국인은 역시 일본에 반감을 가지고 있는 것 같아."라고 했다. 불쑥 튀어나온 부정적인 반응에 나는 넌지시 "한국인이 다 그런 건 아니겠죠."라고밖에 대꾸하지 못했다.

위와 같은 경우는 평소에 자주 보는 사람이 아니었기에 망정이지. 만약 부모님, 친척, 친구 등 가까운 사람이 이런 발언을 하면 꽤 충격이 클 것 같다. 한국 문화가 좋다고 말했을 뿐인데 부정적인 반응부터 보이는 부모님이라 한국 이야기를 절대 꺼내지 않는 사람도 있을지 모른다.

일본에 만연한 한국에 대한 부정적인 분위기와 일본인 사이에서의 한국에 대한 인식 차이. 우리는 이 문제를 어떻게 생각하면 좋을까? 이 문제에 대해서는 4장에서 자세히 논해보기로 하자.

무엇이 진실인지 몰라서

아사쿠라 기미카

TV 뉴스 등을 통해 '한일관계가 사상 최악'이라는 보도를 접한 사람이 많을 것이다. 강제징용 재판, 군사정보보호협정GSOMIA 파기 등 여러 주제가 보도되었다.

나는 뉴스를 보면서 '한일관계 악화'라고는 하는데 실제로 무엇이 문제이고 왜 관계가 악화됐는지 그 이유가 궁금해졌다. 이리저리 머리를 굴려봤지만 솔직히 무엇이 진실인지 모르겠다는 결론에 다다랐다.

이런 결론을 내린 배경에는 두 가지 문제가 자리 잡고 있다. 하나는 교육이다. 나는 고등학교 때 일본사를 선택했는데, 전후 현대사는 가볍게 훑고 지나갔다. 수업 내용과 교과서만으로는 지금까지 한일관계가 어떻게 진행되어 왔는지 자세히 알 수 없었다.

또 하나는 대중매체의 보도 방식이다. 뉴스에서 '한일관계 악화'나 '외무성이 한국 측에 항의했다' 같은 이야기를 자주 보았을 것이다. 하지만 그 문제가 왜 일어났는지, 문제점이 무엇인지에 대해서는 대부분 보도하지 않는다. 이를테면, 몇 년 전부터 자주 보도되는 강제징용 재판 판결(58쪽 참조)을 놓고 일본 측은 무엇을 문제 삼는지, 한국 측 주장과 어떻게 다른지에 대한 내용은 뉴스만 봐서는 알기 어려웠다.

이런 상황에서 기댈 수 있는 것은 인터넷뿐이었다. 하지만 정보의 홍수인 인터넷에는 상반된 주장이 난무했고 기본 지식이 없는 나로서는 어느 것이 정확한 정보이고, 어느 것이 잘못된 정보인지 판단할 수 없었다.

나는 답답한 마음에 조선사* 강의를 들으면 한일관계를 이해할 수 있지 않을까, 하는 기대를 품고 정확한 정보를 찾아 이 책을 만들게 된 가토 세미나에 들어갔다. 세미나에서 공부를 하면서 절실히 느낀 것은 모르고 있던 사실이 너무 많다는 점이었다.

한 가지 일화를 소개해 보자. 작가 햐쿠타 나오키百田尚樹에 대한 이미지가 180도 바뀐 일이다. 내가 중학생 때 일본의 전쟁을 다룬 햐쿠타 나오키의 소설 《영원의 제로》가 뜨거운 감자였다. 나는 역사에 지대한 관심이 있어서라기보다 그저 다들 이

---

* 일본에서는 대한민국뿐 아니라 북한을 포함한 한반도 및 한민족의 역사를 포괄하는 의미에서 조선사라 부른다.

책을 이야기하니까 한번 읽어본 경우였다. '전쟁 중에 특공대 같은 비극이 일어났구나'라고 생각했던 기억이 난다. '전쟁에 관해 진지하게 생각해 보게 만드는 책'이라는 평이 많아서인지 일본에서는 영화로도 만들어졌다. 주변 친구들도 《영원의 제로》를 소설이나 영화로 봤는데, 분명 청년들이 상상하는 전쟁의 이미지에도 영향을 미쳤을 것이다.

그런데 가토 세미나에서 공부하다 보니 햐쿠타 나오키가 《일본국기日本国紀》와 《지금이야말로 한국에게 사과하자: 그리고 '안녕'이라고 말하자今こそ、韓国に謝ろう ~そして、「さらば」と言おう~》 등의 책을 출판했고, 일본 역사는 높이 평가하면서 한국을 공격하는 듯한 발언을 했다는 사실을 알게 되었다. 햐쿠타 나오키는 소설가이지 역사가가 아니다. 소설가가 쓰는 역사가 과연 얼마나 정확할까. 유명인이 썼다고 사람들이 책의 내용을 있는 그대로 믿게 되는 건 아닐까 하는 걱정이 들었다(169~171쪽 참조).

나는 진실을 알고 싶어서 가토 세미나에 들어갔지만, 정보를 얻을 수 있는 다른 방법도 있을 것이다. 이 책을 통해 진실에 다가가 보는 것도 한 가지 방법이 아닐까.

한국인 유학생이 느낀 당혹감

이상진

일본인 중에는 한국인이 역사 문제에 집착하고 가슴에 '반일'을 품고 있다고 생각하는 사람이 많은 것 같다. 하지만 일본에서 생활하는 한국인이야말로 '반한' 감정을 표출하는 일본인과 맞닥뜨리는 때가 적지 않다. 그럴 때 한국인들은 어떻게 반응해야 좋을지 몰라 당황하고는 한다. 일본인이 표출하는 '반한' 감정이라는 것도 역사 문제와 밀접하게 연관되어 있다. 일본에서 공부하는 한국인 유학생이 겪은 답답했던 경험을 듣고 함께 생각해 보자.

A 며칠 전에 단골 가게 사장님과 이야기하고 있는데, 옆에 있던 일본 남자가 "한국인이세요?"라고 묻는 거야. 그래서 "맞

는데요."라고 했더니 알고 싶은 게 있다지 뭐야.

이상진 알고 싶어? 뭘?

A 대뜸 "한국은 왜 그렇게 정치 수준이 낮냐."라는 거야. 미국
이 제2차 세계대전 때 일본에 원자폭탄을 투하했는데도 지금
은 일본과 미국의 사이가 좋은데, 한국은 왜 일본의 식민지
지배를 아직까지 문제 삼느냐고 물었어.

이상진 뭐? 식민지 지배와 전쟁을 동일 선상에 두고 비교하는
게 말이 돼? 일본이 식민지 지배할 당시 조선이 어떤 상황이
었는지 설명했어야 하나?

A 그러니까. 나도 반론하려고 했어. 그런데 한국인이라는 이
유만으로 느닷없이 그런 이야기를 들으니까 당황스럽더라
고. 게다가 가게에서 그런 이야기를 하면 사장님에게도 민폐
를 끼치는 것 같고. 그래서 잘 모르겠다고 대답하고 말았는
데, 그래도 한마디 하는 게 나았을까?

B 나는 대학교 선배한테 "한국인은 왜 다른 사람 물건에 손을
대느냐."라는 말도 들어봤어.

이상진 뭐라고? 그게 무슨 말이야?

B 독도 얘기야. 그 선배가 "왜 한국은 일본의 영토를 두고 억
지를 부리느냐."더라고. 그때 역사 문제에 대해 이야기하고
있었던 것도 아닌데 말이야.

C 역사 문제는 아닌데, 이런 것도 '반한'일까? 호텔에서 일할
때 "왜 한국인이 여기에 있냐. 일본인 직원은 없냐."라는 말

을 들은 적이 있거든.

이상진 그 사람이 왜 그런 말을 했는지 알아?

C 몰라. 그 사람을 응대하기 전에 한국인 직원과 한국어로 이야기하고 있었던 게 다야. 그게 눈에 거슬렸을까? 그런데 그것만으로 그런 말을 했다면 심하지 않아? 너무 충격적이었어.

이상진 그러게. 한국인이라고 그런 소리를 듣다니. 우리는 어떻게 해야 좋을까.

물론 모든 일본인이 한국인에게 그런 식으로 이야기하지는 않는다. 오히려 요즘은 한국 문화를 좋아하면서 한국에 호감이 생긴 사람이 많아졌다. 그런 사람 중에는 한일관계가 악화하는 모습을 보고 '한국과 다시 사이가 좋아지면 좋겠다'라고 생각하는 사람도 있을 것이다.

하지만 '반한'이든 '친한'이든 일본인이 한국인과 역사 인식이 같다고 말하기는 어렵다. 공통된 역사 인식을 공유하지 않는한, 한국인과 일본인이 허물없는 사이가 된다는 것은 불가능한일 아닐까. 역사 문제에 대한 책임을 물으면 '친한'이었던 사람이 갑자기 '반한' 감정을 드러내는 경우도 적지 않다. 그리고 한국인 유학생은 그 틈새에 있다.

나는 한국어 학원에서 아르바이트를 하고 있는데, 한국이 좋아서 한국어를 배우는 사람들에게도 한일 역사 이야기를 할 때는 조심스럽다. 일본에서 공부하는 한국인 유학생은 이렇게 하

나하나 주의하면서 생활하는데, 모든 외국인이 그렇진 않을 것
이다. 왜 우리는 한국인이라는 이유만으로 조심해야 하는지 답
답할 뿐이다.

한일 문제는 '무겁다'?

한일관계 문제라고 하면 일단 '무겁다', '부담스럽다'라는 반응이 지배적이다. 이런 일본 사회의 '분위기'에 대해 터놓고 이야기를 나눠보았다.(2020년 11월 24일에 열린 좌담회 기록의 일부를 가필·수정한 것이다.)

오키타 대학교 수업 시간에 조선사나 일본의 문제점을 배울 기회가 몇 번 있었는데, 수강생들 사이에서 수업 내용을 이야기하기 부담스러워하는 것 같았어. 그렇게 하기 어려운 말은 아닌 것 같은데, "수업 시간에 나온 이 사건 알고 있었어?", "고등학교 때까지 역사 시간에 다룬 적이 거의 없었지?" 같은 이야기도 굉장히 하기 어렵더라고.

그리고 일본의 조선 식민지 지배 역사를 다루면 딱히 나보고 뭐라고 하는 게 아닌데도 '일본이라는 나라와 나를 동일시하게 돼서 추궁당하는 느낌'이라고 털어놓는 사람도 있었어.

제주도에서 합숙하며 답답함을 나누는 멤버들.

친구들과도 한일 문제를 터놓고 이야기하지 못한다면 아예 외면하게 될 것 같은데, 어떻게 해야 좋을까?

구마노 그런 거부감은 나도 느껴봤어. 주변에서도 흔히 있는 반응인 것 같은데 다른 사람들은 어때?

아사쿠라 역사 문제를 공부한다고 하면 아주 무겁게 받아들이는 것 같아. 친구와 이야기할 때 온도 차를 느끼기도 해. 한일관계의 특수성도 작용했겠지만, 평소에 친구나 가족들과 정치 이야기를 거의 나누지 않는 일본의 분위기도 영향을 미치지 않았을까? 나만 해도 가족과 같이 뉴스를 보면서 '이거는 이래서 그런 거지?' 같은 정치적인 이야기는 해본 적이 없어.

구마노 정치 이야기는 하기 부담스럽다고 했는데, 왜 그렇게 느끼는 거야?

아사쿠라 정치 문제를 고민하지 않아도 사는 데 지장이 없어서 아닐까. 평소에는 정치 문제를 떠올리지 않고 살아가는 사람이 더 많을 것 같아. 그래서 정치 이야기를 꺼내려고 하면 '왜 그런 이야기를 하는 거지?' 하고 거부감을 느끼는 것 같아. 나는 솔직히 대학에서 한반도의 근대사 수업을 들었기 때문에 한일 문제에 대해 공부하고 있지만, 그런 기회가 없었다면 공부하지 않았을 것 같아.

오키타 작년 1월 즈음에 한국인 유학생을 초대해 한일교류 비슷한 행사를 연 적이 있어. 단순히 일본 문화를 즐기자는 취지에서 열린 거라 역사 문제가 화제로 떠오를 일은 없었지. 한일관계가 냉각되는 시기였지만, 그곳에 찾아온 한국인 유학생들과 더 깊이 있게 대화를 나눠볼 걸 그랬어. 지금 생각하면 아쉬운데, 그때는 역사 이야기를 꺼내는 게 적절치 않은 것만 같은 분위기도 있었거든. 나도 괜히 즐거운 분위기를 깨고 싶지 않은 마음도 있었고, 유학생을 인솔해 온 분도 '정치적인 문제는 일단 놔두고 세계인과 교류하며 친구를 만들자'라는 식으로 말하기도 했거든. 즐기자는 취지의 행사도 중요하긴 하지만, 그때 그 친구들이 어떤 생각으로 일본에 왔는지 물어볼 용기가 생기지 않았던 건 지금 생각해도 마음에 걸리는 점이야.

2장

한국과
일본은
왜 싸우는 거야?

1장에서는 '최애가 반일일지도 모른다는 당혹스러움'과 '무엇이 진실인지 헷갈리는 한일 문제' 등 많은 일본인이 공감할 만한 내용을 다뤘다. 이번 장에서는 그러한 의문점을 바탕으로 한국과 일본이 대립각을 세우게 된 배경에 대해 생각해 보려고 한다. 일본에서 자주 보도하는 '위안부'와 '강제징용 피해자' 등에 관해서도 살펴보겠다.

한국 연예인은 왜
'위안부' 굿즈를 착용해?

구마노 고에이

들어본 적은 있지만······

한국과 일본 사이에서 자주 등장하는 일본군 '위안부' 문제. 한일 역사를 공부하기 전에 뉴스를 통해 대강 들어보기는 했지만, 자세한 내용은 알지 못했던 게 사실이다.

'위안부' 관련하면 제일 먼저 떠오르는 기억이 있다. 고등학교 1학년이었던 2015년 겨울, 학교 스키 캠프 숙소에서 '위안부' 문제가 최종적이고 불가역적으로 해결되었다고 대대적으로 보도한 TV 뉴스가 지금도 눈에 선하다. 그 뉴스는 뒤에서 다룰 한일 '합의'에 관한 것이었는데, 그 당시에는 해결이라기에 막연히 좋은 소식이겠거니 넘겨짚었다.

케이팝 팬이라면 '위안부' 문제에서 '위안부' 지원 기업의 굿즈를 착용한 한국 아이돌을 떠올릴지도 모르겠다. 내 주변에도 유명 케이팝 아이돌 팬인 친구가 있는데, 그 케이팝 아이돌이 착용한 '위안부' 지원 굿즈를 제작·판매하는 기업이 '반일' 같다는 이야기를 들은 기억이 난다(이 기업에 관해서는 52~53쪽 참조). 또 부모님이 '위안부'는 매춘부라고 설명하는 통에 진실이 무엇인지 헷갈린다고 털어놓은 지인도 있었다.

이렇게 일본에서 '위안부' 문제는 이미 해결된 과거의 이야기이거나 '반일'의 상징으로 치부되고, 분명히 자주 들어봤지만 정작 내용은 모르는 사람이 많다. 일본군 '위안부' 문제란 과연 무엇일까. 일본인은 이 문제를 어떻게 생각해야 할까.

(아래에는 구체적인 성폭력 피해에 관한 기술이 포함되어 있다.)

일본군 '위안부' 제도가 뭐야?

일본군 '위안부' 제도란 1932년부터 일본이 아시아태평양전쟁에서 패전하기까지 일본군이 아시아 각지에 '위안소'를 설치하고 여성들을 강제로 성노예로 삼은 제도이다. 보통 '위안부'라고 하면 한국인 피해자를 떠올리는 사람이 많을 텐데, 실제로 많은 '위안부' 피해자가 한반도(현재의 대한민국, 북한) 출신이다. 일본이 한반도를 식민지 지배(70~83쪽 참조)했기 때문이다. 조선인 피해자는 연행 당시 대부분 10대로, 학교도 제대로 다니지 못한 가난한 여성들이었다. 조선인 외에 중국, 대만, 필리핀, 인도네시아 등지의 여성 그리고 네덜란드(당시 네덜란드가 인도네시아를 지배하고 있었기 때문)와 일본인 여성도 있었다. 여기에서도 알 수 있듯이 일본군 '위안부' 문제는 결코 한국과 일본만의 문제는 아니다.

그런데 왜 '위안부'라는 용어에 따옴표를 넣을까. 그것은 '위안'이라는 단어가 '노고를 위로하고 편안하게 만든다'라는 의미인데, 군인에게 성폭력을 당한 여성들의 피해 사실과 동떨어져 있어서 '위안부'라는 호칭을 거부하는 피해자도 있기 때문이다. 그리고 각종 증언과 문서가 보여주듯 '위안소'를 설치해 여성들을 '위안부'로 동원한 것이 일본군이었으므로 일본군 '위안부' 문제라고 말한다(뒤에서 설명하겠지만 일본군 '위안부' 제도는 성노예제였기 때문에 일본군 성노예제 문제라고도 한다). 일본에서는 '종군 위안부'라는 표현도 종종 쓰는데, '종군'이라는 표현은 여성들이 자발적으로 군을 따라갔다는 뜻으로 해석될 수 있으므로 현재는 이 표현을 사용하는 것이 적절하지 않다는 인식이 공유되고 있다.

여성들은 다양한 방식으로 끌려가 '위안부'에 동원되었다. 예컨대 조선이나 대만에서는 일단 일본군과 일본 경찰이 업자를 선정한 뒤 그 업자가 여성들의 빈곤을 이용해 '돈을 벌 수 있다'라며 여성을 속이거나 부모에게 돈을 건네고 연행하는 방법을 많이 이용했다. 이것은 명백한 유괴와 인신매매이다. 또 폭력과 협박을 이용한 연행(약취)도 있었다. 유념해야 할 것은 이러한 업자는 어디까지나 군의 수족으로 움직였을 뿐, 여성을 해외로 이송하는 과정 등에 적극적으로 관여하고 제도 전체를 운영한 것은 일본군이었다는 사실이다. 또 이러한 연행은 그 당시에도 형법을 위반하는 범죄였다. 중국이나 동남아

일본군이 '위안부' 모집에 관여했다는 사실을 보여주는 문서.

시아 등의 전장·점령지에서는 군이 마을의 유력자에게 명령해 모으거나 군이 직접 모으기도 했다. 본인의 의사에 반한 연행이었다. 즉 여성들이 '위안부'가 될 것을 예상한 상태에서 자발적으로 '위안부'가 되기 위해 '위안소'로 간 것이 아니라는 사실을 기억해야 한다. 물리적 폭력의 유무를 불문하고 본인의 의사에 반해 연행하는 것을 우리는 '강제 연행'이라고 한다. 언뜻 자발적으로 '위안부'가 된 것처럼 보이는 경우도 그 배경에는 일본의 침략과 식민지 지배로 인한 민족·젠더·계급차별(빈곤) 등이 깔려있어 여성들의 직업 선택의 자유가 제한되었다는 점도 잊어서는 안 된다.

중국의 '위안소' 앞에 줄지어 서있는 일본 군인.

　강제로 끌려간 '위안소'에서의 생활은 처참했다. 여성들은 군
의 삼엄한 감시하에 '위안소'에 갇혔고, '위안부'를 그만둘 자유
도 군인의 성적 요구를 거부할 자유도 없었다. 즉 '외출의 자유',
'거주의 자유', '폐업의 자유', '거부의 자유'가 없었다. '위안소'의
실태를 알 수 있는 사례 중 하나인 재일조선인 일본군 '위안부'
피해자인 송신도 할머니의 증언을 살펴보자.

　그날 이후로 군인이 연달아 오더라고. 군인은 군인이니까 (중략)
시키는 대로 하라면서 또 괴롭힐까 두려웠지. 칼을 차고 오는데,
아무튼 말이 안 통했으니까. 지금은 싫으면 싫다고 말할 수 있지
만 내가 배운 게 없잖아. 학교도 못 나왔으니까. 그래서 글도 못

읽고, 말도 안 통하고 엄청 고생했어.

몇 번이나 도망쳤는데 결국 잡혀 와서 두들겨 맞았어. 밥도 안 주더라고. 뭐든 다른 일을 하겠다고 해도 시켜주지 않았지. 너는 다른 일을 하라고 데리고 온 게 아니라면서 또 때렸어. '위안소' 관리인한테 맞고 군인들한테 맞아. 정말 끊임없이 맞는 거야. 그러니 정신이 이상해지는 것도 무리가 아니야. 발로 걷어차이기도 했어. 그 큰 손으로. 솥뚜껑 같은 손으로 후려갈기는데, 그때 귀가 멀어서 한쪽 귀가 안 들려. 뺨은 굳은살이 박여서 아무리 때려도 아프지 않고. 북처럼 말이야. 맞는 데 익숙해져서 아무리 때려도 아프지가 않아.

(《증언 미래에 대한 기억 아시아 '위안부' 증언집 I 証言未来への記憶 アジア「慰安婦」証言集I》 중)

이처럼 송신도 할머니는 '위안소'에서 도망치고 싶어도 도망칠 수 없었다. '위안부'를 그만두는 것도 허락되지 않았다. 군인의 칼과 폭력, 언어 문제로 거부조차 할 수 없었다. 온갖 자유를 빼앗기고 성적 자기결정권이 침해된 성노예 상태였다고 할 수 있다.

이러한 일본군 '위안부' 제도는 국제적으로 성노예제도로 인지한다. 최근 일본 정부는 물리적 폭력에 의한 강제 연행 유무에 논의의 초점을 맞추고 있다. 그러나 어떤 방법으로 연행되었든 '위안소'에서 여성들이 성노예 상태에 있었다는 것, 그리고 일본이라는 국가가 민족·젠더·계급차별을 바탕으로 인권을 침해한 전쟁범죄를 추진했다는 것이 문제의 본질이다.

그리고 이러한 강제 연행이나 '위안소'에서의 강압적인 실태는 피해자의 증언을 비롯해 전 군인의 회고 기록, 외국의 공문서 등에서도 분명히 나타나며, 일본 재판소도 공식적으로 피해를 인정하고 있다.

일본은 이미 사죄하고 돈을 준 거 아냐?

일본에게 해방된 후에도 피해 여성들은 '위안소'에서 입은 신체적 상해뿐 아니라 트라우마로 인한 외상후스트레스장애PTSD 등의 정신적 고통, 여성에게 '정조'와 '순결'을 강요하는 사회적 차별 등으로 인해 공개적으로 피해를 호소하기가 어려웠다.

그러다 냉전의 종식과 한국의 민주화에 따라 여성운동이 활발해지자 1991년 8월, 김학순 할머니가 일본군 '위안부' 피해자로서 처음으로 실명을 밝히며 기자회견을 열었다. 그리고 그해 12월 김학순 할머니 외 두 명의 피해자가 아시아태평양전쟁으로 피해를 입은 한국인 전 군인·군무원, 유족과 함께 일본 정부를 상대로 보상을 요구하며 소송을 제기했다. 이 소송은 당시 큰 뉴스가 되었고, 이 일을 계기로 각국의 피해자가 잇따라 공개석상에 모습을 드러냈다. 시민운동도 힘을 더하는 가운데 일본군 '위안부' 문제는 사회문제·국제문제로 대두되었다.

이러한 움직임에 일본 정부는 1993년 당시 내각관방장관* 고노 요헤이河野洋平가 발표한 '고노 담화'를 통해 '군의 관여 아래 다수 여성의 명예와 존엄에 깊은 상처를 입혔다'라고 인정하고 '사죄와 반성'을 표명했다. 또 일본군 '위안부' 문제를 '역사의 교훈'으로 삼아 역사연구와 교육을 통해 기억해 나갈 것을 선언했다. 하지만 일본군이 주체임에도 불구하고 '군의 관여'라고 표현하는 등 사실관계를 모호하게 인정한 부분이 있고, 성노예제나 전쟁범죄였다는 사실을 명확히 하지 않은 문제 등은 남았다. 이어서 1995년 전후 50주년을 맞이해 당시 무라야마 도미이치村山富市 총리가 발표한 '무라야마 담화'에서는 '식민지 지배와 침략으로', '특히 아시아의 여러 나라 사람들에게 크나큰 손해와 고통을 주었다'라고 인정하고, '사죄의 마음'까지 표명했다.

그런데 일본 정부는 일본군 '위안부' 문제의 법적 책임은 샌프란시스코강화조약(1951년 체결, 이듬해 발효)과 한일청구권협정(1965년)을 비롯한 양국 간의 협정으로 모두 해결되었으며, 배상할 필요가 없다고 주장하고 나섰다.(한편 또 다른 피해국인 북한과는 국교가 회복되지 않았기 때문에, 일본 정부의 견해를 전제로 하더라도 문제가 아무것도 해결되지 않았다는 말이 된다.)

여기서는 한일청구권협정에 대해 살펴보자.

---

* 일본 총리를 보좌하는 역할을 한다.

한일청구권협정에는 양국 사이의 청구권이 '완전하고도 최종적으로 해결되었다'라고 나와있다. 그러나 애초에 이 협정에서 말하는 청구권이란 채무에 관한 것으로, 일본군 '위안부' 문제 같은 국가범죄, 인권 문제는 논의 사항이 아니었다. 나아가 이 협정을 체결할 당시 일본군 '위안부' 피해자의 피해 사실은 다뤄지지 않았다. 1965년 당시에는 피해 여성이 공개적으로 증언하지 않았다는 점을 감안해도 이 협정으로 일본군 '위안부' 문제가 해결되었다고는 볼 수 없다. 가령 일본 정부가 주장하는 것처럼 한일청구권협정의 대상에 이 문제가 포함되어 있다고 보더라도 이 협정으로 한국 측이 포기한다고 규정된 것은 '외교적 보호권'에 불과하다. '외교적 보호권'이란 '국가가 자국민이 입은 피해를 국가의 피해로 간주해 상대국에 적절한 구제를 요구할 수 있는 권리'를 말하는 것으로, 피해자 개인의 청구권은 소멸되지 않았다. 이 점은 일본 정부도 인정한 바 있다. 즉 피해자 개인이 일본 정부에 대해 청구권을 행사하는 것에는 아무런 문제가 없다.

법적 책임이 '해결'되었다고 본 일본 정부의 입장에 기초해 1995년에는 '여성을 위한 아시아평화국민기금(아시아여성기금)' 사업이 시작되었다. 일본인이 모금한 '위로금'과 총리의 '사죄편지' 등을 피해자에게 전달하는 것이 골자였다. 하지만 모금 형식이었기에 국가의 정식 배상이라고는 할 수 없고, 수취 대상국도 한국·대만·필리핀에 제한된 데다 '사죄의 편지'는 '위로금'

2000년에 열린 여성국제전범법정.

을 수령한 사람에게만 건넸다. 그렇기에 피해자와 지원단체는 거세게 비판했고, 사업은 실패하고 말았다. 이 사업은 돈을 받은 피해자와 받지 않은 피해자 그리고 그들을 지지하는 지원단체 등을 분열시켰고, 피해자로 하여금 돈을 받을지 말지를 고민하게 만들며 그들의 마음을 갈가리 찢어놓았다.

이런 상황 속에서도 피해자와 지원단체 및 시민들은 열성적으로 운동을 주도했고, 2000년에 여성국제전범법정이라는 민간법정을 여는 데까지 발전시켰다. 이 법정에서는 저명한 국제법 전문가로 구성된 판사단과 검사단이 도쿄 전범 재판 당시의 국제법에 기초해 일본군 '위안부' 제도가 성노예제이자 '반인도적 범죄'라는 관점에서 '쇼와* 일왕의 유죄'와 '일본 정부에 국가적 책임이 있다'라는 판결을 내렸다. 여기서 쇼와 일왕을 짚고 넘어가자면, 일본에서는 '군부에 휘둘린 천황**'이라는 이미지가 강하게 자리 잡혀있는데 이와는 정반대로 쇼와 일왕은 실제로 군사 지식을 갖추고 있었으며 대원수***로서 군의 작전에도 주체적으로 관여하는 존재였다. 그래서 법정에서는 방대한 증거를 바탕으로 쇼와 일왕이 대원수로서 '위안소' 설치 및 관리 등에 대해 '알고 있었거나, 혹은 알았어야 했다'라며 유죄판결을 내렸다(일왕과 식민지 지배 관계의 전반에 관해서는 106~113쪽 참조).

그런데 이즈음부터 일본에는 역사수정주의****가 대두된다. 특히 '고노 담화'를 반영해 1997년부터 중학교 역사교과서에 '위안부'를 기술하기 시작했는데, 이에 대한 반발로 여러 역사수정주의 단체가 발족했다. 또 당시 중의원 의원이었던 아베 신조 安倍晋三 등 정치권 인사가 2000년의 여성국제전범법정을 다룬 NHK 프로그램에 개입해 방송 내용을 수정하게 만든 사건도 일어났다. 아울러 일본의 정치가가 피해 사실을 부정하는 발언을 내놓는 등 사죄를 부정하는 듯한 불성실한 대응도 늘어났다.

2006년 제1차 아베 정권이 발족하자, 이듬해인 2007년 당시 아베 총리는 '관헌이 집에 들어가' 연행하는 '강제성'은 없었다는

---

*   1926년 12월 25일~1989년 1월 7일까지 일본에서 사용된 연호.
**   일본에서 '일왕'을 가리키는 말.
*** 군을 통솔하는 최고 계급을 뜻함.
**** 여기서는 일본의 가해 역사를 부정·왜곡하고 정당화하는 신념 및 운동을 가리킨다.

답변을 내놓았다. 국제사회는 이러한 발언을 비난했고, 2007년 미국 연방의회 하원에서는 일본 정부에 일본군이 여성들에게 성노예를 강제한 사실을 명백하게 인정하고 사죄할 것을 권고하는 결의도 채택했다.

2011년 한국의 헌법재판소는 피해 여성들이 낸 소송에 대해 한국 정부가 일본군 '위안부' 피해자의 배상청구권 문제 해결을 위해 노력하지 않는 것은 피해 여성의 기본권을 침해하는 위헌 행위라는 결정을 내렸다. 앞서 이야기한 것처럼 일본 정부는 1965년 한일청구권협정으로 일본군 '위안부' 문제가 해결되었다고 주장하고, 한국 측은 해결되지 않았다며 팽팽하게 대립하는 상태였다. 이러한 상황에서 한국 정부가 문제를 해결하기 위해 구체적인 노력을 다하지 않았기에 위헌 결정을 내린 것이다.

그러자 당시 이명박 대통령은 일본 정부에 문제 해결을 제안하고 나섰다. 한국에서는 오랫동안 피해자와 지원단체가 해결 촉구 운동을 벌였는데, 이러한 운동이 한국 사법부를 그리고 한국 사법부가 한국 정부를 움직인 셈이다. 일본에서는 '대통령이 지지율을 높이기 위해 역사 문제를 이용하는 것 아니냐'라는 의견이 있었지만, 사실은 그렇지 않았다. 결과적으로 당시 노다 요시히코野田佳彦 총리는 이 협의에 응하지 않았다.

제2차 아베 정권기인 2015년, 당시 아베 총리는 '전후 70년 담화'를 발표하며 일본의 식민지 지배 문제는 언급하지 않고 오히려 조선 식민지화로 이어진 러일전쟁을 긍정했다. 또 일본군

서울에 있는 '전쟁과여성인권박물관' 벽화.

'위안부' 문제에 대한 명확한 언급은 피하고, 가해 행위에 대해 사죄할 의사도 없다고 전했다(자세한 내용은 이타가키 류타, 김부자 《Q&A '위안부' 문제와 식민지 지배 책임》 참고).

같은 해 연말에는 한일 '합의'도 체결되었다. 일본 정부는 한국 재단에 10억 엔을 지불할 것이며 이 '합의'를 통해 일본군 '위안부' 문제가 '최종적이고 불가역적으로 해결'되었고, 한국 정부에 '평화의 소녀상'(53~55쪽 참조) 철거·이전을 요구했다고 발표했다. 하지만 이 '합의'는 피해자의 의사는 무시한 채 양국 정부 사이에서 문제를 종결지으려는 시도였다. 게다가 10억 엔은 지원금 형식이라 일본 정부가 법적 책임을 인정하고 지불하는 배상이라고는 할 수 없었다(일본 정부도 배상이 아니라고 직접 밝혔다). '평화의 소녀상'에 관한 내용도 사전에 피해자 및 지원단체에 제대로 알리지 않았다. 그래서 피해자 및 지원단체가 비판했고, 유엔의 여성차별철폐위원회도 피해자의 의사를 존중하는 '피해자 중심 접근'이 충분하지 않았다며 '합의'의 문제점을 지적했다.

결국 어떻게 해야 해결될까?

그렇다면 어떻게 해야 문제가 해결될까? 여기서 중요한 것은 일본 정부나 대부분의 일본인이 생각하는 '사죄 및 해결'과 피해자와 지원단체가 생각하는 '사죄 및 해결'이 다르다는 사실이다. 일본에는 문언상으로 사죄하고 이 이상 문제화하지 않는 것이 해결이라고 생각하는 사람도 많은 것 같다. 하지만 피해자와 지원단체가 생각하는 '사죄'란 일단 일본 정부가 구체적인 사실을 인정하는 것에서 출발한다. 그리고 일본군 '위안부' 제도가 국가 범죄임을 전제로 법적 책임을 인정하고 사죄를 표명한 뒤 그것이 진심임을 나타내는 증거로서 국가가 배상할 것, 나아가 진상 규명, 역사 교육 등의 재발 방지책을 시행하는 후속 조치를 포함한 '사죄'를 바라고 있는 것이다. 진정한 의미의 '해결'이란 피해자가 받아들일 수 있는 해결책을 제시하고, 그에 따라 끊임없이 노력해 나가는 것이다. 어떤 의미에서는 '최종적'이거나 '불가역적'이지 않아야 비로소 '해결'이라고 할 수 있는 셈이다. 그러나 한일 '합의'는 이와는 정반대 지점에 서있다.

이렇게 생각해 보면 '사죄'와 해결'이란 일시적인 사죄나 배상금(일본은 그것조차 내지 않았지만)으로 끝나는 것이 아니라, 오히려 계속해서 사죄의 뜻을 밝히고 '해결 상태'를 유지하려고 노력하는 자세 그 자체라고 볼 수 있다. 즉 '사죄'와 해결'은 점이 아니라 선이다. 그러므로 사실과 법적 책임조차 충분히 인정하지 않고 있는 현재로서는 일본군 '위안부' 문제가 결코 해결되었다고 말할 수 없다.

일본인인 우리는 어떻게 해야 해?

한국의 청년층을 비롯한 시민들은 일본 정부에 대해 '사죄'와 '해결'을 촉구함과 동시에 피해자를 지원하고 기억하는 운동을 벌이고 있다. 한국 아이돌이 착용하는 '위안부' 굿즈도 그들을 기억하기 위한 운동의 일환이라고 할 수 있다. 이러한 운동은 현재 일본군 '위안부' 제도뿐 아니라 전 세계의 전시 성폭력 근절을 호소하는 평화운동으로 번지고 있다. 이렇게 일본군 '위안부' 문제를 보편적인 인권 문제로 보는 시각은 2021년 1월 한국의 '위안부' 소송 판결에도 반영되었고, 일본 정부에 대한 피해자 배상 명령으로 이어졌다.(한편 이와 비슷한 소송이지만 각하 판결이 난 2021년 4월의 판결은 피해자의 인권보다 국가를 우선한 것이었다고 할 수 있다.)

우리 일본인은 어떨까. 이 문제를 '과거의 문제'로 치부하고 단순히 외교·정치 사안이나 기분을 언짢게 만드는 문제로 보고 있는 것은 아닐까. 앞서 설명한 것처럼 일본군 '위안부' 문제는 아직 '해결'의 출발선에도 서지 못했을뿐더러, 일본군 '위안부' 제도를 만든 민족·젠더·계급차별은 여전히 일본 사회에 남아 있다. 절대 '과거의 문제'로 끝낼 수 없다는 말이다. 가장 큰 상처를 입은 것은 피해 여성들로, 이 문제는 인권 문제이다. 어떻게 하면 정치적으로 마무리 지을까를 고민할 것이 아니라, 이미 돌아가신 피해자를 포함한 모든 피해자의 존엄을 어떻게 하면 회복시킬 수 있을까를 고민해야 함을 잊지 말자. 그러기 위해 그 배경에 있는 일본의 침략 및 식민지 지배를 되돌아봐야 한다. 우리 일본인은 우선 일본군 '위안부' 문제를 정치 문제가 아니라 인권 문제로 바라보는 것부터 시작해야 한다. 피해자를 기억하고, 점이 아닌 선으로서 '해결'하기 위해 우리 자신이 밀접하게 연관된 문제로 인식하면서 일본 정부에 요구해 나가면 어떨까.

마리몬드와 '소녀상'

구마노 고에이

'마리몬드'가 뭐야?

'마리몬드'란 2012년 한국의 젊은이들이 세운 소셜벤처기업이다. 일본군 '위안부' 피해자를 '인권운동가'로 재평가하고, 피해자 한 사람 한 사람의 이미지에 맞춘 꽃 모티브를 이용한 스마트폰 케이스와 패션 아이템 등을 제작·판매하고 있다(2021년 11월 운영 중단 선언을 했다). 매출의 일부를 일본군 '위안부' 피해자와 학대 피해 아동 지원에 기부하고 있으며 인권이 존중되는 정의와 평화로 가득 찬 세상을 만들기 위해 적극적으로 활동하고 있다. 한국의 유명 연예인, 케이팝 아이돌이 마리몬드의 제품을 착용한 것으로도 잘 알려져 있다.

서울의 마리몬드숍.　　　　　　마리몬드 제품.

　일부 일본인은 마리몬드 기업이나 마리몬드 제품을 착용한 한국 연예인을 '반일'이라고 몰아세우는데, 마리몬드는 일본군 '위안부' 피해자를 기억함으로써 인권과 정의, 평화를 추구하며 폭력에 반대하는 기업이다. 마리몬드의 제품을 착용한 사람들은 일본을 정치적으로 공격할 의도가 있다기보다 성폭력, 성차별에 반대하면서 진정으로 인권이 존중되는 사회를 만들기 위해 몸소 행동하고 있는 셈이다.

　일본에서 마리몬드재팬 웹사이트(http://www.marymond.jp)를 중심으로 제품을 판매하고 있다.

'소녀상'은 반일이지?

'소녀상'의 정식명칭은 '평화의 비'이다('평화의 소녀상'이라고도

수요집회.　　　　　　　　　　이화여자대학교 근교 공원에 설치된 '평화
　　　　　　　　　　　　　　　의 소녀상'.

부른다). '평화의 비'는 수요집회 1,000회를 기념하며 일본군 '위
안부' 피해자들을 위로하는 차원에서 2011년 12월에 설치된 작
품이다.

　수요집회란 일본군 '위안부' 문제 해결을 촉구하며 1992년
1월 8일부터 현재까지 피해자와 지원단체, 시민들이 매주 수요
일에 주한 일본대사관 앞에서 여는 집회를 말한다. 피해 여성
들은 일본 정부뿐 아니라 한국 정부 또한 문제 해결에 적극적
으로 움직이려고 하지 않는 상황 속에서 매주 집회를 진행해 왔
다. 그 과정에서 자신의 피해 회복을 호소하는 것에 그치지 않
고, 두 번 다시 같은 일이 일어나서는 안 된다는 보편적인 평화
를 촉구하는 '평화운동가', '인권운동가'로 거듭났다. 묵묵히 이
러한 운동을 이어온 피해자를 기리며, 그 역사를 기억해 나가기

위해 '평화의 비'를 설립한 것이다.

　이런 뜻이 담긴 '평화의 비'인데, 일본에서는 '반일'의 상징 혹은 한일관계의 걸림돌 취급을 한다. 그러나 '평화의 비'는 애초에 수요집회를 이어온 피해자를 위로하기 위해 만든 것으로 피해자의 인생을 상징하는 것이기도 하다. 그러므로 '평화의 비'를 '반일'의 상징이라고 보는 견해는 피해자의 인생을 재차 모욕하는 것이나 다름없다.

　현재는 주한 일본대사관 앞 '평화의 비'뿐 아니라 다양한 형태의 '평화의 소녀상'이 한국 각지와 미국, 캐나다, 호주 등에도 설치되었다. 2020년 9월에는 독일 베를린의 미테Mitte구에도 설치되었다. 국제적으로 '평화의 소녀상'은 한일관계 문제나 '반일'의 상징이 아니라 여성 인권과 전시 성폭력 문제로 인식되어 연대를 이어나가고 있다. 하지만 일본 정부는 지속적으로 이러한 움직임에 압력을 넣고 있다.

　2019년 여름에는 일본 최대 규모의 국제예술제인 '아이치 트리엔날레'의 〈표현의 부자유전·그 후〉에 '평화의 소녀상'이 전시되었을 때, 정치적 압력을 받아 전시가 중단되는 사태가 벌어졌다.

　'평화의 소녀상'은 한일관계 개선의 걸림돌이 아니다. 일본의 가해 역사를 직시하지 않고 '평화의 소녀상'을 반일의 상징으로 대하는 자세가 바로 피해자의 인권 회복과 진정한 한일관계 개선을 방해하는 걸림돌이다.

한국은 왜 '군함도' 세계유산 등재를 반대한 거야?

우시키 미쿠

'일본 산업화의 상징'으로 많은 이들이 방문하는 관광지 '군함도'. 나가사키현에 속한 섬 하시마端島는 형태가 군함을 닮았다고 하여 군함도라 부른다. 일찍이 군함도에서는 해저 탄광 채굴이 이루어졌다.

군함도는 2015년 7월, '메이지 일본의 산업혁명유산 : 철강·조선·석탄산업'이라는 명칭으로 세계문화유산에 등재되었다. 여덟 개 현과 열한 개 시에 걸쳐 광범위한 지역에 자리 잡은 스물세 개의 유산으로 구성되어 있는데, 일본인이 시험공부를 하며 외웠던 미쓰비시중공업주식회사의 나가사키 조선소, 일본제철주식회사의 야하타 제철소도 포함되어 있다.

한국 정부는 '메이지 일본의 산업혁명유산 : 철강·조선·석탄

'군함도'.

산업' 중 일곱 개 시설에 대해 식민지 시기에 한반도에서 강제
동원된 피해자가 존재했다는 이유로 세계유산 등재에 반대했
다. 당시 고등학생이었던 나는 이 세계유산을 둘러싼 다툼을 전
혀 알지 못했다.

대학에 들어와서야 '한국이 일본의 자랑인 세계유산을 반대
한다'라며 반발하는 세력이 있고, 식민지 시기의 '군함도'의 모
습을 그린 한국 영화 〈군함도〉가 '반일' 영화로 알려진 사실을
알게 되었다. 인터넷에는 '민족차별은 없었으며 노동자들은 가
족처럼 서로 의지하며 일본의 근대화에 공헌했다', '조선인 노동
자는 강제로 끌려온 것이 아니라 본인의 의사로 일하러 왔다',
'일본인 외의 다른 나라에서 온 노동자도 임금을 받았다' 등의

'군함도'.

글이 돌아다닌다. 영화든 인터넷상에 떠도는 정보든 모두 그럴 듯해 보이기도 하고 모두 거짓 같기도 했다. 어느 쪽을 믿어야 할지 알 수 없어 양쪽 주장이 모두 마음에 걸렸다.

2018년 한국 대법원은 일본 기업을 상대로 강제징용 피해자 에게 배상하라는 판결을 내렸다. 일본 정부는 1965년 한일청구 권협정에 따라 강제징용 피해자 문제는 해결되었으며, 이 판결 은 국제법 위반이라고 주장하고 있다. 이 판결이 나온 당시 친 구와 "법률적인 문제는 어렵기만 하고, 결국 청구권협정으로 뭐 가 결정되었다는 건지 도통 모르겠다."라는 대화를 나눈 것을 기억한다.

이 판결이 내려진 뒤 '한일관계' 앞에는 '사상 최악'이라는 수

식어가 붙었고, 경제 교류에까지 영향을 미쳤다. 한국이 이렇게까지 완고하게 나오는 강제징용 문제란 무엇일까. '군함도' 등의 노동 현장에서 실제로 무슨 일이 일어났던 것일까. 또 일본의 대응 중 어느 부분이 문제시되고 있는 걸까.

강제징용 피해자는 누굴 말하는 거야?

강제징용 피해자란 1939년 이후 일본에 강제징용된 조선인, 중국인 노동자를 말한다. 일본의 군수·탄광 기업 등은 중일전쟁이 시작되자 노동력 부족에 직면했고, 정부에 조선인 동원을 요구했다. 일본 정부는 1939년 9월, '모집' 형태로 당시 일본의 식민지였던 조선에서 조선인을 노동에 동원하기 시작했는데, 조선인 노동자를 모집하는 것은 조선총독부(조선총독부는 조선을 지배한 일본의 기관을 뜻하며 '총독부'로 줄여 말하기도 함) 관리와 경찰의 일이었다. 이 시기에 이미 국가가 깊이 관여하고 있었다는 말이다.

그런데 이 정책은 얼마 못 가 한계에 다다랐다. 조선의 농촌에서 한반도 서북부 지역, 만주로의 노동 동원도 행해졌는데 농업 노동력도 여전히 필요했기 때문에 일본에 동원할 수 있는 인력이 부족해진 탓이다. 이에 일본 정부는 1942년 2월, 동원제도를 강화하기 위해 '모집'에서 '관 알선'으로 방식을 바꾼다. 이

인천에 소재한 강제징용 노동자상.

무렵에는 신체 허약자나 고령자까지 동원되었다. 이때도 조선 인 노동자를 모아 기업에 건네는 업무는 전부 지방 행정단체를 비롯한 조선총독부 하부기관이 주도했다.

한발 더 나아가 1944년 9월부터는 조선인에게도 '국민징용 령國民徵用令'을 적용해, 노동 동원에 응하지 않으면 국가총동원 법에 따라 법적으로 처벌했다. 그래서 일본에 동원된 조선인은 계약이 만료되어도 국민징용령 때문에 고향으로 돌아갈 수 없 었다.

일본에서는 강제징용 피해자를 '징용공'이라 부르는데, '징용' 이라는 단어 때문에 국민징용령 이후의 노동 동원을 가리키는 것으로 오해하기도 한다. 하지만 역사 문제에서 말하는 '징용'은

'모집', '관 알선'까지 포함하는 노동 동원 전체를 가리킨다. 이 모든 단계에서 조선인에게 강제력이 작용했고, 1945년까지 총 약 80만 명의 조선인이 동원되었다고 한다.

정말 강제였어?

'강제징용 피해자는 사실 강제로 일본에 끌려온 게 아니고 자유 의사로 돈을 벌러 왔을 뿐'이라고 주장하는 사람도 있다. 사실 이러한 주장에 대해서는 다각도로 반증할 수 있다.

우선, 주요 동원지였던 탄광에서의 노동을 일본인은 물론 조선인도 기피했다는 사실을 알아야 한다. 일본은 탄광 노동자가 부족해지자 조선인을 정책적으로 동원했다. 또 동원된 조선인의 대부분이 식자 능력이 없는 빈곤 농민 출신으로 알려져 있는데, 자비로 일본으로 건너갈 수 있는 자작농, 중소농(중농과 소농)과는 계층이 달랐다.

이러한 빈곤층은 대부분 일본의 경제 정책으로 양산되었다. 우선 1910년 3월부터 착수한 '토지조사사업'으로 일본인을 우두머리로 한 지주제가 형성되었고, 자작농이나 자작 겸 소작농*은 토지를 잃어 소작농으로 전락했다. 또 1920년부터 총독부가 실

---

* 자기 소유지를 경작하면서 부족한 것은 남의 토지를 경작하여 보충하는 농가 또는 그런 농민.

시한 '산미증식계획産米增殖計畫'으로 조선의 쌀 생산량은 증가했지만, 증가분 이상의 생산량이 일본으로 빠져나가 조선인 한 명당 소비량은 오히려 감소했다. 1939년부터 1942년 사이에 사망한 신원불명의 유랑농민은 총독부가 파악한 것만 2만 2,651명에 달하는데(《조선인 전시 노동동원朝鮮人戰時勞働動員》), 대부분이 아사, 영양실조, 동사로 인한 사망이었다. 이런 상황이었기에 '의식주를 보장해 준다'라는 말을 믿고, 살기 위해 동원에 응할 수밖에 없었던 조선인이 상당했다.

그런데 실제로 탄광의 열악한 노동 환경에 직면하자 도망가는 사람이 생겨났다. 이런 소문이 퍼지자 조선에서도 동원을 기피하게 되었다. '관 알선' 단계의 모습을 내무성 촉탁 오구레 야스치카小暮泰用는 '복명서復命書(내무성 관리국장 앞, 1944년 7월)'에서 다음과 같이 기술한다.

징용은 제쳐두더라도 그 외 어떠한 방식으로도 출동은 납치나 매한가지인 상태이다. 사전에 이 사실을 알리면 전부 도망치기 때문이다. 그래서 야습, 유괴 외에도 각종 방책을 강구하다 인질적·약탈적 납치 사례가 늘어나고 있다.

출두 명령을 받은 인구의 약 3분의 1이 출두하지 않은 마을도 있었고, 징용을 피하고자 스스로 왼손을 절단한 사례도 있었다. 이러한 저항에 대해 총독부는 징용 기피자를 검속檢束하는 등 탄압했다. 실제로 동원된 이후에 신체검사에서 채용되지 않아 조선으로 송환된 사람들의 기록도 남아있는 것을 보면, 자처해서 동원에 응했다고 생각하기는 어렵다. 나아가 1943년경부터는 여성도 '조선여자근로정신대朝鮮女子勤勞挺身隊'라는 이름으로 노동에 동원되었다. 조선인은 조선인이라는 이유 하나로 빈곤과 강압 속에서 일본인이 기피하는 열악한 노동 환경에 내몰린 것이다.

노동 현장에서 민족 차별이 진짜 있었어?

조선인 강제 동원 사실은 알아도, '징용된 건 일본인도 마찬가지 아닌가?' 하는 의문에 부딪힐 것이다. 하지만 앞서 이야기한 것처럼 동원 과정은 물론 노동 현장에서도 조선인은 중국인 포로와 함께 민족 차별의 대상이었다. 인근의 다카시마高島와 합쳐서 4,000명의 조선인이 동원된 '군함도'도 예외가 아니다. 인터넷상에는 '군함도'에서 민족 차별이 없었다는 뉘앙스의 증언이 다수 공개된 데 반해, 실제로 민족 차별을 당한 피해자의 증언은 거의 다뤄지지 않는다. 강제징용 피해자가 당한 민족 차별과 차별이 가해진 구조를 무시하고 있는 것이다. 여기서 열네 살에 경상남도에서 '군함도'로 동원된 서정우 씨의 증언을 통해 강제징용 피해자가 처했던 상황을 살펴보자.

우리 조선인은 요 모퉁이 구석의 2층 건물과 4층 건물에 넣어졌습니다. 한 사람이 다다미 한 장도 차지하지 못하는 좁은 방에 일고여덟이 함께 지냈죠. 외관은 모르타르와 철근이지만 안은 너덜너덜했습니다. (중략) 우리는 쌀부대 같은 옷을 받았고 (중략) 갱도는 엎드려서 캘 수밖에 없을 정도로 좁았고, 덥고 고통스러운 데다 너무 피곤한 나머지 잠도 오지 않았습니다. 가스도 쌓이고, 한편으로는 낙반의 위험도 있었기에, 이대로라면 살아 돌아갈 수 없겠다고 생각했습니다. 낙반 사고로 한 달에 너덧 명은 죽었는데, 지금처럼 안전을 고려한 탄광에서는 아예 일어나지 않는 일이죠. (중략) 이런 중노동에 식사는 콩깻묵* 80퍼센트에 현미 20퍼센트가 섞인 밥과 정어리를 통째로 구워 부순 것이 반찬이라, 저는 매일 설사해서 몹시 쇠약해졌습니다. 그런데도 일을 쉬려고 하면 (중략) 폭행을 당했습니다.

(《군함도에 귀를 기울이면: 하시마에 강제 연행된 조선인과 중국인의 기록》 중)

노동 현장에서 조선인은 가혹 행위에 시달렸다. 열악한 주거 환경과 삼엄한 감시 체제하에서 충분한 의복과 식사 배급도 받지 못한 채 장시간 노동에 내몰렸고, 일을 쉬거나 탈출을 시도하면 폭행을 당했다. 조선인은 노동 현장 밖에서도 경찰이 관제

---

* 콩에서 기름을 짜내고 남은 찌꺼기.

하는 치안 조직인 '협화회協和會'의 감시를 받아 탈출도 어려웠다. 1945년까지 20년간 '군함도'에서 발행한 '사망진단서', '화장인허증 교부신청서'(통칭, 하시마 자료)를 보면, 일본인보다 조선인·중국인의 사망률이 높았는데, 특히 1944년에는 조선인 남성 사망률이 일본인 남성 사망률의 두 배를 넘기기도 했다는 사실을 알 수 있다. 사인의 절반 이상은 '사고사'로, 강제징용 피해자들은 늘 죽음과 가까이 있었다.

후쿠오카福岡현 다가와田川시의 탄광 터에 세워진 한국인 징용 희생자 위령비.

동원된 조선인이 일본인보다 높은 임금을 받았다는 주장도 거짓이다. 조선인 광부의 임금을 일본인 광부보다 낮게 책정하라는 기업 방침을 적은 기록이 다수 남아있다. 겉으로 드러난 조선인 광부의 임금이 일본인 광부와 비슷한 경우는 조선인 광부의 휴일이 적거나 노동시간이 길었던 결과이다. 또 실수령액을 보면 어느 기업이나 조선인 광부에게 월 10엔가량만 지급했다. 기업은 조선인에게 임금을 강제로 저축하게 하고 횡령했다. 조선인은 생활비를 받는 것도 여의치 않았다. 일본인 광부가 임금을 자유롭게 입금하고 출금한 것과 대조된다. 그리고 해방 후 조선인 광부에게 원래 주었어야 할 미지급금도 지급하지 않은 사례가 대부분이었다.

강제 동원의 피해자는 남성만이 아니다. 노동 현장 근처에는 기업과 국가가 협력해 설치·유지한 '산업 위안소'가 존재했다. 여성들은 '군 위안소'와 마찬가지로 빈곤 등의 이유로 본인의 의사에 반해 그곳으로 끌려왔다. 그들은 '남성 노동자를 북돋아 주고, 국가에 공헌한다'라는 논리하에 성폭력을 당했다. '군함도'에서도 조선인 여성이 성접대를 강요받았다는 증언이 있다. 인근의 다카시마에서도 여성들은 '군함도' 노동자에게 성폭력을 당했다. 다카시마 탄광과 '군함도'에는 1939년 당시 총 80명 가까운 '위안부' 여성이 존재했다고 한다. '군함도'에서 일하다 18세의 어린 나이에 음독자살로 생을 마감한 노치선 씨도 피해 여성 중 한 명이 아닐까 추정한다.

강제징용 피해자 문제는 1965년 한일청구권협정으로 다 해결된 것 아니야?

강제징용 피해자 문제에서 흔히 이야기하는 법적 논의에 대해서도 간단히 짚고 넘어가자. 1965년 한일청구권협정으로 소멸한 것은 강제징용 피해자에 대한 미지급금과 보상금에 대한 청구권으로, 피해자가 당한 육체적·정신적 고통에 대한 위자료는 포함되어 있지 않다는 것이 1965년 당시 한일 정부의 해석이다. 설혹 위자료가 포함되어 있었다 치더라도 '위안부' 피해자와 마찬가지로 징용 피해자 개인이 소송을 제기할 권리는 소멸하지 않는다(43~44쪽 참조). 일본 정부도 미국에 대한 피폭자 개인의 배상청구권은 소멸하지 않는다고 주장한 적이 있는 만큼 이 원칙은 자명하다.

한편 강제 동원 당시 조선인은 국적상 일본인이었으므로 일본 법률에 기초한 동원이 합법이라고 주장하는 사람도 있다. 그러나 애초에 식민지 지배 자체가 불법이다. 따라서 식민지 지배하에서 이루어진 동원 또한 불법이다(80~82쪽 참조). 2012년 한국 대법원의 파기환송 판결도 '징용'의 근거 법령인 '국민징용령', '국가총동원법'의 효력을 부정한다.

무엇을 위해 역사를 기억하지?

법적으로도 강제징용 피해자 문제가 해결되지 않았지만, 설사 모든 소송이 끝난다 해도 그것으로 정말 문제가 '해결'되었다고 말할 수 있을까.

'군함도'를 비롯한 유적지의 세계유산 등재 여부를 두고 다투던 당시, 한국 정부는 독일이 일찍이 강제 노동 동원 현장이었던 탄광*을 강제 노동의 피해 사실을 온전히 드러나는 형태로 전시했던 것에 주목했다. 한국 정부는 일본도 강제 노동의 피해 사실을 온전히 드러내는 형태로 전시를 연다면, 세계유산 등재를 반대하지 않겠다고 밝혔다. 또 유네스코의 자문기관인 '국제기념물유적협의회ICOMOS'도 일본 정부에 전체 역사를 밝힐 것을 권고했다. 한일 합의가 이루어지지 않는다면 등재 부결 가능성도 농후했지만, 일본 정부가 '강제 노역forced labor'이라는 표현은 피하고 '노동을 강요당한forced to work' 사람들이 있었다고 표명해 타결되었다. 이 표현을 두고 타국에서는 '강제 노역을 인정했다'라고 보는 움직임도 있었다. 아울러 당시 사토 구니佐藤地 유네스코 주재 일본 대사는 전체 역사를 파악할 수 있는 조치를 강구하겠다면서 정보센터 설립을 계획하고 있다고도 밝혔다.

하지만 일본 정부는 등재 결정 다음 날 'forced to work'라는 표현이 강제 노역을 의미하는 것이 아니라고 못 박았다. 그리고 부정적 역사까지 밝히기로 한 산업유산정보센터도 그러한 내용이 담긴 전시는커녕, 운영을 맡은 '산업유산국민회의産業遺産国民会議' 홈페이지에 강제 노역과 민족 차별을 부정하는 정보만 잔뜩 게재했다.

세계유산은 '현재를 살아가는 전 세계 사람들이 과거로부터 이어받아 미래에 전해야 하는 인류 공통의 유산'이다(일본유네스

---

* 2001년 독일은 졸페라인Zollverein 탄광을 유네스코 세계문화유산으로 등재할 때, 유대인 학살과 강제 노역이라는 어두운 역사를 숨기지 않았다.

코협회연맹 공식 홈페이지). 또 산업유산정보센터에 따르면 '메이지 일본의 산업혁명유산'은 일본의 '막부 말기부터 메이지에 걸쳐 비서양제국 가운데 산업의 근대화에 앞장서서 반세기 동안 아주 짧은 기간에 산업국가로서의 지위를 확립한' 영광의 역사를 보여주는 것이라고 나와있다. 이 역사관 안에 일본 근대화의 그늘에서 이루어진 아시아 침략 행위, 그리고 지금은 산업유산이 된 현장에서 일어난 부정적 역사에 대한 자각은 있는 것일까. 우리가 물려줘야 할 역사란 과연 무엇일까.

왜 한국 연예인은 8월 15일에 '반일' 글을 올리는 거야?

우시키 미쿠

독립일

'오늘은 광복절입니다', '일본의 식민지 지배에서 해방된 날입니다', '독립 만세'.

8월 15일에 한국 연예인이 올린 이런 글이나 태극기 사진을 본 적이 있는가. 예전에 나는 "'최애'가 '반일'이면 슬퍼할 일본인 팬이 있을 텐데 왜 굳이 SNS에 '반일' 글을 올리는 걸까. 한국인은 역시 애국심이 강한 걸까?" 하는 의문에 마음이 꽉 막힌 듯 답답했었다.

일본에는 '종전일'이라는 이미지가 강한 8월 15일이지만, 한국에서는 '광복절'이라고 부르며 일본으로부터 독립한 날로 기억한다. 하지만 나에게 식민지 지배 역사는 교과서에서조차 가볍게 다루고 넘어가는 수준에 불과한 내용이었다. 애초에 무슨 일이 일어났는지 자세한 사정은 몰랐다. 일본군 '위안부'나 강제징용 피해자 문제에서 거론되듯 일본이 나쁜 짓을 했는지 몰라도, 그것과 식민지 지배가 어떤 관계인지도 몰랐다. 한쪽에서는 '사과했다'라고 하고 또 한쪽에서는 '사과하지 않았다'라고 하는데 어느 쪽 말이 맞는지 판단할 수 없었다. 또 한편에서는 '그렇게 나쁘지만은 않았다'라는 이야기도 들렸다. 전쟁 이야기는 영화나 TV를 통해 익숙한데 식민지 지배는 실제로 상상이 가지 않는 그런 느낌이었다.

한국인이 이토록 중요하게 다루는 식민지 지배란 대체 무엇일까. 여기서는 일본인이 조선을 침략해 식민지 지배하기까지의 과정과 식민지 시기에 일어난 일 등을 개요부터 정리해 보려고 한다.

일본으로부터 독립한 게 그렇게 경사야?

한국에서 광복절을 중요하게 다루는 이유는 무엇일까. 일본은 1874년경부터 조선(당시는 1392년에 건국한 조선왕조였다)에 개국開國*을 강요하며 군사적으로 압박해, 조선과 메이지 정부 사이의 최초의 조약인 강화도조약(1876년)을 맺었다. 이 조약은 일본에 절대적으로 유리한 불평등조약이었다. 이 불평등조약을 토대로 일본은 조선을 경제적으로 침탈하기 시작했다.

개국 후 많은 곡물이 일본으로 넘어간 탓에 조선 국내의 쌀 공급량이 부족했다. 또 일본 상인과 어부가 진출해 조선인의 시장과 어장을 빼앗았기 때문에 민중의 생활은 더 궁핍해졌다. 이런 상황을 개선하라며 조선인은 조선 정부를 향해 항의 운동을 벌였다. 대표적인 것이 1894년 갑오농민전쟁(동학농민운동)이다. 여기서 '갑오'는 간지干支의 하나로 1894년을 말한다. 또 '동학'은 조선의 독자적인 종교로, 동학농민운동은 동학 신도를 중심으로 한 전쟁이었다.

일본은 이 전쟁을 군사 침략의 구실로 삼으려고 같은 해 조선에 출병했다. 그리고 농민이 조선 정부와 화약和約을 맺고 철수했음에도 불구하고 청의 함대를 공격해 청일전쟁을 일으켰다. 이 전쟁에서 조선은 전쟁터가 되었고, 동학 농민 3~5만 명이 일본군에게 학살되었다. 또 일본의 침략을 막기 위해 러시아와의 접근을 시도한 명성황후는 조선 주재 일본 공사 미우라 고로三浦梧楼 일행에 의해 시해되고, 주검이 불태워졌다.

1897년 조선의 고종은 국호를 새롭게 '대한제국'으로 선포하고 군주권의 확대를 꾀했다.(이하 국가와 정부를 가리킬 때는 '대한제국'을 사용하고, 민족이나 지역명을 가리킬 때는 '조선'을 사용한

---

* 외국과의 국교·통상을 시작함.

다.) 조선인은 조선의 근대화를 추진하기 위해 정치결사도 만들었다.

하지만 조선에서 권익을 독점하고 싶었던 일본은 동일한 시기에 한반도와 만주로 세력을 확장하고 있던 러시아와 대립각을 세우고, 러시아 함대를 공격하면서 러일전쟁을 일으켰다. 러일전쟁이 발발하기 직전 대한제국은 중립을 선언했으나 일본은 중립선언을 무시했다. 1904년 2월 일본군은 조선의 진해만과 마산의 전신국을 점령하고, 인천으로 상륙해 수도인 한성(현재의 서울)을 점령했다. 그리고 대한제국 정부에 '한일의정서'를 강제로 '체결'시키고, 조선에 있는 일본군의 자유로운 군사행동을 허용하게 하는 등 일본군에 협력하도록 했다. 일본은 조선인의 저항에도 아랑곳하지 않고 전장이 된 조선에서 토지와 노동력을 수탈하는 등 민중에도 압박을 가했다.

러일전쟁으로 사실상 조선을 점령한 일본은 1904년 8월에 '제1차 한일협약'을 '체결'시켰다. 일본 정부가 추천한 일본인 한 명을 대한제국의 재무고문, 외국인 한 명을 외교고문으로 두고 그들의 의견에 따라야 하며, 외교안건에 대해서는 일본 정부와 협의한 후에 결정·처리할 것을 의무조항으로 삼았다. 그 후 1905년 11월에는 대한제국의 외교권을 빼앗고 '보호국'으로 두는 '제2차 한일협약'을 체결시켰다. 여기서 '보호'는 허울 좋은 명분일 뿐, 결국 '보호국'의 실태는 '주권을 빼앗긴 나라'였다.

이러한 협약은 대한제국의 자주적 결정이 아니었다. 일본이

'제2차 한일협약' 체결의 현장인 중명전.

강력한 군사력으로 전방위로 압박했기 때문에 체결한 것이었
다. '일본의 방침에 따르지 않으면 대한제국을 더 강력하게 탄
압할 것'이라고 위협하면서 강제로 '보호국'으로 만든 것이다.
일본은 대한제국을 지배하기 위해 한성에 통감부를 설치하고
초대 통감으로 이토 히로부미伊藤博文를 임명했다.

　일본이 사실상 조선의 금융기관, 조세, 교육제도까지 통제하
면서 내정까지 깊이 간섭하자 조선인은 있는 힘을 다해 저항했
다. 1907년 대한제국의 황제 고종은 네덜란드 헤이그에서 열린
'제2차 만국평화회의'에 사절(헤이그 특사)을 파견해 대한제국에
대한 일본의 외교권 박탈 등의 부당성을 호소했다. 그러자 일본
정부는 이를 빌미로 '제3차 한일협약'을 강요하고, 대한제국의

의병.

군대를 해산하면서 고종을 퇴위시켰다.

　조선 각지에서는 장기간에 걸쳐 일본의 침략에 저항하며 의
병투쟁이라는 무력투쟁이 전개되었다. 일본의 치안기구가 발간
한 《조선폭도토벌지朝鮮暴徒討伐誌》를 보면 1907년부터 3년 반 동
안 14만 명의 의병이 일본군과 2,819회에 걸쳐 교전했다고 기
록되어 있다. 의병 측 사망자는 무려 1만 7,688명에 달했다고
한다.

　이런 가운데 일본은 조선을 완전히 지배하기로 결의하고, 조
선인은 필사적으로 저항을 시도했다. 1909년 10월에는 독립운
동가 안중근이 조선 침략에 앞장선 사람 중 하나였던 이토 히로
부미를 암살한다.

　1910년 8월 데라우치 마사타케寺內正毅 통감은 대한제국과 '한
일병합조약韓日併合條約'을 '체결'했다. 이렇게 대한제국은 멸망하

고, 조선은 완전히 일본의 식민지가 되었다. 일본은 6월경부터 경비부대를 한성에 집결시켜 치안 유지 태세를 정비했다. 지금도 일본 정부는 '한일병합조약'에 대해 '일본과 대한제국 쌍방의 합의로 체결된 합법적인 조약'이라는 입장을 내세우고 있지만, 군사적 위협을 바탕으로 한 '합의'는 진정한 합의라고 할 수 없다. 또 조약 내용도 양국이 논의한 것이 아니라, 데라우치 마사타케가 고안한 것이었다. 애초에 대한제국은 일본에 의해 이미 외교권을 박탈당했기 때문에 일본과 정당한 조약을 맺을 수 없었다. 즉 '한일병합조약'은 일본 정부가 일본 정부와 맺었다고도 할 수 있는, 말하자면 자작극의 산물이었다.

식민지 지배 후 조선인들에게 무슨 일이 일어났나

식민지 지배하에 조선인들은 일본의 강압적인 정치에 고통받았다. 조선인은 국적상 일본인이 되었지만 실제로는 일본인과 구별되었고, 온갖 상황에서 차별과 착취의 대상이 되었다. 조선에는 조선총독부라는 통치기관이 설치되었다. 조선총독부는 효율적으로 조선을 지배할 입법·행정·사법·군대통솔권까지 일원적으로 행사할 수 있는 막강한 권한을 거머쥐었다('천황제'와 일본의 조선 침략·식민지 지배의 관계에 대해서는 106~133쪽 참조).

당초 일본은 '무단통치', 즉 무력을 전면에 내세워 강압적으

독립운동가가 수감되었던 서대문형무소 터(현재는 서대문형무소역사관).

로 조선을 지배했다. 조선총독부는 지배의 중심이 되어 조선인의 언론·출판·집회·결사를 엄격히 제한했다. 일본의 지배에 반대하는 자는 체포되어 가차 없이 감금·고문당했다. 이 시기 헌병이 일반 경찰을 겸임하는 '헌병경찰제도'가 만들어져, 군사적인 지배는 민중 생활도 위협했다. 또 일본인을 우두머리로 지주제가 만들어지면서 조선 농민은 점점 빈곤해졌다(61~63쪽 참조).

이런 연유로 생활이 궁핍해진 조선인들은 일본과 조선 북부 등지로 이동하고, 탄광 등 열악한 노동 환경에 떠밀렸다. 교육 면에서도 조선인 어린이의 취학률은 일본인 어린이와 비교해

서울역 앞에 소재한 독립운동가 강우규 의사의 동상. 1919년 서울에 도착한 제3대 조선 총독 사이토 마코토斎藤実에게 폭탄을 던졌으나 실패해 체포되었다.

낮은 수준이었다. 앞서 이야기했듯 빈곤에 허덕인 데다 의무교육제도가 시행되지 않은 탓이다. 학교에 다닐 수 있었던 조선인 어린이도 대부분 일본식 학교에서 일본어를 배웠다. 일본인에게 차별과 폭행을 당하는 사례도 허다했다.

　이러한 상황을 견디다 못 한 조선인들은 국내외에서 독립운동을 일으켰다. 대표적인 것이 1919년 3월 1일 서울을 기점으로 전국으로 퍼진 '3·1 독립운동'이었다. 이 운동은 해외에도 영향을 미쳤는데, 이후 독립운동의 기폭제가 된 아주 중요한 사건이다. 한국 연예인이 3월 1일이 되면 SNS에 독립 기념 글을 올리는 것은 이런 이유에서다. 이때 낭독한 '독립선언문'은 조선 민족의 자주·독립을 염원하며 일본과의 왜곡된 관계를 청산하는 동시에 평화를 바라는 내용을 담고 있다. 그러나 총독부는 조선인의 만세운동을 무자비하게 탄압했고, 마을 사람들을 속여 교회에 가둔 뒤 살해하는 등 조선 방방곡곡에서 학살을 자행했다.

'3·1 독립운동'으로 '무단통치'의 한계가 명확해지자, 총독부는 조선인을 일부 회유해 일본의 통치에 종속시키는 '문화통치'로 방침을 전환했다. 다만 조선인을 착취하는 경제 구조나 강압성은 그대로였다. 민중을 '반란분자'로 위험시하는 정책의 근본도 여전했다. 조선총독부는 헌병경찰제도를 보통경찰제도로 전환했지만, 실제로는 경찰력을 확대해 '치안' 대책을 강화했다.

언론·출판·집회·결사의 자유에 관해서도 '문화통치' 초기에는 약간 완화해 허용하는 듯했지만, 결국 검열은 엄격하게 지속했다. 1925년 치안유지법 시행 후 독립운동, 사회주의운동에 대한 탄압은 한층 강화되었고 사상 전향을 강요했다.

나아가 중일전쟁이 시작되자 일본제국 내의 단결이 필요해진 일본은 총독부를 통해 조선인을 '천황'의 신민臣民으로 복종시키는 '황민화 정책'(110~113쪽 참조)을 강화했다. 아시아태평양전쟁 말기에는 징병 형식으로 일본의 침략 전쟁에 조선인을 동원했다. 그렇게 노동력 부족을 이유로 강제징용된 노동자나 일본군 '위안부'가 된 여성 등 수많은 조선인이 일본에 의해 존엄이 짓밟히고 삶이 파괴되었다. 이러한 일본의 강압적인 정치

속에서도 다양한 계층의 조선인이 독립운동을 멈추지 않았다. 독립이라는 목표 아래 이데올로기를 초월해 연대한 조선인들이 국내외에 조직을 구축하고 일본의 지배를 뒤흔들었다. 조선인에게 독립이란 많은 희생을 감수하며 끈질기게 운동을 펼친 끝에 자신들의 손으로 사회를 만들 자유를 되찾은 것이었다. 그것은 일본의 비인도적인 지배로부터의 해방을 의미하는 것이었다.

'한일병합'은 조약 형식을 취했으니 '합법' 아니야?

지금까지 이야기한 것처럼 '한일병합'은 처음부터 끝까지 강제적인 병합이었다. 그리고 조선인은 일본의 조선 침략과 식민지 지배의 불법성을 그때부터 지금까지 일관되게 주장해 왔다. 예컨대 의병투쟁을 지휘한 최익현은 1896년 당시 공리·공법과 같은 국제법에 기초해 일본의 조선 침략을 비판했다.

그러나 일본 정부는 지금까지도 '조약' 형식을 갖춘 이상 법률적으로는 '합법'이라고 주장하며 국가의 법적 책임을 한결같이 부정하고 있다. 이 부분이야말로 재고해 봐야 할 필요가 있지 않을까. 조선 침략은 일본이라는 국가가 주체가 되어 강제로 실행한 것이며, 조선인의 의사에 반한 것이었다. 자신의 손으로 사회를 구성하고 인생을 개척한다는, 누구나 보장받아야 할 자결권을 조선인에게서 빼앗은 것이다. 자세한 내용은 일본군 '위안부' 문제나 강제징용 피해자 문제를 다룬 부분에서 기술했지만, 일본은 자신들의 국가를 위해 조선인을 이용하고 착취하는 식민지 지배를 자행했다. 조선인의 '위안부' 및 강제징용 피해는 그 결과에 기인한 것으로, 일본이라는 국가의 정책 때문에 일어난 일임이 분명하다. 그런데도 일본은 아직도 식민지 지배에 대한 책임을 충분히 지지 않고 있다. 이 점이 '위안부'와 강제징용 피해자의 인권회복을 굉장히 더디게 하고 있다.

안타깝게도 예전 식민국이 주도권을 쥐고 있는 현재의 국제정세에서 식민지 지배 법적 책임이 확립되었다고 하기는 어렵다. 그렇다고 해서 일본의 책임을 묻지 않아도 되는 것은 아니다. 당신은 과연 다른 식민국도 책임지지 않으니까 일본 역시 중대한 인권 침해를 간과해도 상관없다고 실제 피해자들 앞에서 말할 수 있을까.

하지만 조금씩이지만 변화도 일고 있다. 세계적으로 식민지 지배를 범죄로 규정하기 위한 논의가 시작된 것이다. 2001년에 열린 유엔 인종차별철폐회의(통칭, '더반회의')에서 채택된 '더반선언문'에는 "식민주의는 인종주의, 인종차별, 외국인혐오 및 이와 관련된 불관용으로 이어져 왔으며 아프리카인, 아프리카계 사람들, 아시아계 사람들, 선주민들은 식민주의의 피해자였고 계속해서 그 결과의 피해자임을 인정한다. 식민주의로 인한 고통을 인정하며, 발생장소와 시기에 관계없이 식민주의는 비난받아야 하며 그 재발은 방지되어야 함을 확인한다. 더 나아가, 이러한 구조와 관행의 영향과 존속이 오늘날 세계 여러 지역에서 지속되고 있는 사회적, 경제적 불평등의 원인임에 유감을 표한다."라는 항목이 포함되었다. 이는 긴 시간 고난에 맞서며 전 세계의 피지배자가 저항하고 정의를 외쳐 얻어낸 성과이다.

한국인은 왜 굳이 그런 글을 올리는 거야?

한국인이 8월 15일을 기념하는 이유는 지금까지 이야기한 역사와 관련이 있는데, 일본에는 "일본이 전쟁에서 패한 날을 기념일로 삼다니 한국에는 '반일' 정서가 있는 것 같아."라든가 "한국 연예인들도 개인적인 견해를 피력할 자유가 있으니 SNS에 글을 올리는 건 어쩔 수 없지만, 그런 주장을 지지할 필요도 없다."라고 생각하는 사람들이 있다. 하지만 한류스타들이 SNS에 글을 올리는 것은 일본을 향해 독립을 '어필'하며 괴롭히려는 것이 아니다. 조선인의 자부심에 상처를 주고, 인권을 유린하고, 수많은 목숨을 빼앗은 일본의 지배에서 해방된 날을 기념하는 것을 '괴롭힘'이라고 생각하거나, '외면해도 된다'라고 생각하는 것은 일본의 가해 역사 그리고 생명·인권·평화 등의 소중한 가치를 부정하는 것과 같다.

SNS 글을 주의 깊게 읽어보면 그들이 결코 일본을 깎아내리거나 개개인을 공격하려는 게 아님을 알 수 있다. 독립을 기념하는 글에 자주 사용되는 글귀는 '잊지 않겠습니다'이다. 이 글을 우리 일본은 어떻게 받아들여야 할까.

일본 정부는 패전 후에도 여전히 식민지 지배에 대한 사죄와 반성의 뜻을 내비치지 않고 있으며, 그 사이에 피해자들은 인권을 회복하지 못한 채 나이 들어가고 있다. 자결권을 빼앗긴 상태에서 일본이 만들어낸 식민지 조선의 사회 분열은, 현재도 남북분단이라는 형태로 조선인들에게 깊은 상흔을 남겼다(123~126쪽 참조). 그리고 일본을 포함한 세계 각지에서 지금도 심각한 인권 침해가 자행되고 있다. 한류스타들이 자신의 영향력을 이용해 호소하는 행위는 우리에게도 아주 의미 있는 일 아닐까. '반일'이라고 매도하지 말고 일단 멈춰 서서 그들의 생각에 귀 기울여보자. 그렇게 하면 좋아하는 사람의 팬을 그만둘 필요도, 못 본 척할 필요도 없을 것이다.

인스타 감성 명소 '경복궁'

우시키 미쿠

서울에 가면 꼭 방문하는 관광지로 알려진 경복궁은 사계절 내
내 수많은 관광객으로 붐빈다. 최근에는 한국 문화가 세계적으
로 인기를 끈 데다, 젊은이들 사이에서 한복을 입고 사진 찍을
수 있는 인스타 감성 명소로도 알려져 주목받고 있다. 아마 여
러분 중에서도 방문해 본 사람이 꽤 될 것이라고 생각한다.

경복궁은 1395년 조선왕조의 태조 이성계가 창건했다.
1592년 도요토미 히데요시豊臣秀吉가 조선을 침략했을 때 소실
되었으나, 19세기 중반에 정권을 잡은 흥선대원군의 주도로 복
원을 시작하여 1868년 재건이 마무리되었다. 서울 중심부에 우
뚝 선 경복궁은 조선의 왕권을 상징한다.

일본은 조선을 침략하는 과정에서 경복궁을 몇 번이고 훼손

경복궁.

했다. 청일전쟁 직전 일본은 경복궁을 공격·점령해 조선 정부에 군사적 압력을 가했다. 그리고 '일본군이 조선 정부를 대신해 청군을 철수시킨다'라는 '동의'를 얻어냈다. 청군을 공격할 구실을 잡은 일본은 청과 전쟁을 시작했는데, 실제로 청일전쟁의 전장이 된 것은 한반도였다. 72쪽에서 다룬 명성황후 시해 장소도 경복궁이었다. 그 후 일본을 피해 당시 국왕인 고종은 경복궁을 떠나게 되었다.

일본은 제국주의의 세력을 과시하기 위해 경복궁을 훼손하고, 조선인이 소중히 가꿔온 경관을 모조리 짓밟았다. 조선을 침략하면서 일본은 대한제국의 황실 재산인 경복궁의 소유권을 '한일병합' 전부터 실질적으로 장악했다. '한일병합' 후에는

경복궁에서 한복을 입고 걸어 다니는 사람들.

박람회 등의 행사를 개최하기 위해 궁전 영역을 개편하고 공원
으로 바꿔나갔다. 그 과정에서 경복궁 영역 내의 궁전이 철거
되었다. 또 경복궁의 정전正殿인 근정전 앞에는 조선 지배의 거
점이 될 조선총독부 청사를 지었다. 총독부 청사는 경복궁을
다 가려버릴 정도의 크기로, 익히 알고 있는 광화문(경복궁의 정
문)도 이때 옮겼다. 경복궁 파괴는 일본의 침략과 그에 따른 난
개발과 수탈이라는 조선 식민지 지배를 상징하는 사건 중 하나
였다.

　식민지 지배에서 해방된 뒤 경복궁에 남아있는 전통 건축물
은 근정전을 중심으로 몇 전각뿐이었다고 한다. 그러나 한국전
쟁 이후까지 이어진 경제·사회적 혼란 탓에 경복궁 복원은 쉽

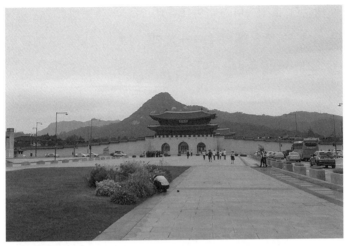

경복궁의 정문인 광화문.

지 않았다. 결국 1960년대부터 경복궁 복원 작업이 시작되었는데, 본격화한 것은 민주화 후인 1990년대부터이다. 조선총독부 청사는 1997년에 해체가 마무리되었으나 이 건물을 둘러싸고 '민족의 자존심을 회복하기 위해서도 철거해야 한다'라는 주장과 '경복궁 훼손이라는 부정적인 역사를 보존하고, 살아있는 역사 교육의 현장으로 남겨야 한다'라는 주장이 팽팽하게 맞서기도 했다. 광화문은 2010년 8월 15일 광복절에 원위치로 복원되었다.

광화문 앞 광장은 현재도 한국 시민의 상징으로 때때로 시위 현장이 되기도 한다. 많이 변한 것 같지만 식민지 지배의 영향은 아직도 완전히 사라지지 않았다. 그러므로 일본인이 경복궁을 방문할 때 영화나 드라마에서 본 인스타 감성 명소라는 감상을 뛰어넘어 일본의 가해 역사를 되돌아보고, 일본의 지배를 받은 조선인들의 심정을 헤아려보면 좋겠다.

왜 독도를 한국 땅이라고
하는 거야?

이상진·우시키 미쿠

독도는 동도와 서도 그리고 수십 개의 암초로 이루어진 도서군島嶼群으로, 독도 영유권 문제는 한국과 일본이 가장 치열하게 다투는 쟁점 중 하나이다. 일본 정부는 '일본이 1905년 다케시마竹島*를 유효하게 편입했고, 근대국가로서 다케시마를 영유할 의사를 재확인했다'라고 주장한다(외무성 아시아대양주국 동북아시아과 〈왜 일본의 영토인가 확실히 알 수 있다! 다케시마 문제에 관한 열 개의 포인트〉, 외무성 홈페이지 게재 팸플릿. 이하, '외무성 팸플릿'). 한편 한국에서는 '독도는 한국 땅'이라고 말한다. 왜 양국의 주장이 엇갈리는 것일까. 이번 칼럼에서는 양국이 근거로 제

---

* 독도의 일본식 명칭.

독도.

시하는 자료를 바탕으로 독도 영유권 문제에서 특히 중요한 근
대 이후의 독도 역사를 살펴보려고 한다.

　1870년 일본의 외교관 사타 하쿠보佐田白茅와 그 일행은 〈조
선국 교제 시말 내탐서朝鮮国交際始末内探書〉의 '다케시마와 마쓰시
마松島가 조선 부속이 된 사정竹島松島朝鮮附属に相成り候始末'에서 '다
케시마와 마쓰시마'가 조선 소속이 된 경위를 설명한다. 일본에
서는 에도시대부터 1905년까지 공식적으로 현 울릉도를 '다케
시마', 현 독도를 '마쓰시마'라고 불렀다. 즉, 이 시점에 일본 정
부는 지금의 독도를 조선령으로 인지하고 있었다는 것을 알 수
있다. 나아가 1877년에도 일본 정부는 〈태정관지령太政官指令〉에
서 "다케시마 외 한 섬의 건은 우리나라와 관계가 없음."이라고

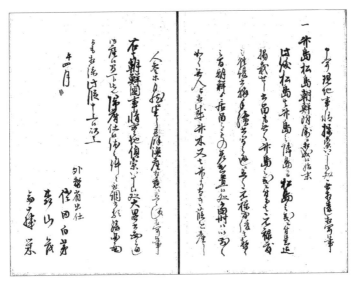

〈조선국 교제 시말 내탐서朝鮮国交際始末内探書〉.

답신을 보내, '다케시마(현 울릉도)'와 '마쓰시마(현 독도)'가 일본 령이 아니라는 것을 재확인했다.

그러던 일본이 독도 편입을 계획한 것은 러일전쟁 시기이다. 러일전쟁이 발발한 뒤 일본 정부는 대한제국과 '한일의정서'를 '체결'한다. 이 '한일의정서'는 일본 측의 강압으로 '체결'된 것인데, 여기에는 군사적으로 필요한 때에는 대한제국의 영토를 임의로 수용할 수 있다는 내용이 명기되어 있다(73쪽 참조). 울릉도와 독도는 일본의 연합함대와 러시아의 블라디보스토크함대가 충돌하는 전략적 요충지이자 러시아 발트함대의 '동해' 진입 감시를 위한 망루 설치에 최적화된 땅이었다. 이미 1904년 9월

에는 울릉도에 망루를 설치했다. 이에 따라 일본 해군은 '한일 의정서'를 이용해 대한제국의 동의 없이 독도를 감시하는 망루와 통신시설 설치 가능성을 조사했다. 그리고 시마네島根현의 나카이 요자부로中井養三郎는 독도에서 어업을 활성화하기 위해 일본 정부의 고관과 협의한 뒤 〈량코도 영토 편입 및 대하원りゃんこ島領土編入并に貸下願〉*을 제출했다.

이렇게 독도의 중요성을 재확인한 일본 정부는 1905년 1월 각의 결정에서 '무주지無主地'였던 '량코도'를 '오키 도사隱岐島司**의 소관'으로 한다며 독도를 '다케시마'라고 명명한다. 그리고 시마네현 지사는 1905년 2월 '시마네현 고시島根県告示'를 통해 독도를 시마네현에 편입하고, 일본이 근대국가로서 독도를 영유할 것이라고 선언한다.

하지만 대한제국은 이미 1900년 '칙령 제41호'를 통해 울도군이 관할하는 지역을 '울릉전도와 죽도, 석도石島'임을 선언했다. 한국 측은 이 '석도'가 울릉 지방에서 독도를 부르던 명칭이라고 주장하는데, 일본 정부는 '석도'가 다케시마(독도)인 근거가 없다며 반박하고 있다('외무성 팸플릿'). 그러나 '시마네현 고시'를 공포한 이듬해인 1906년, 시마네현이 울릉군수 심흥택에게 다케시마(독도)의 편입 사실을 알리자, 심흥택은 '본군 소속 독도本郡所属独島'***가 일본의 영토에 편입된 것에 놀라 중앙 정부

---

* 독도 이용을 요청한 문서, 당시 일본에서는 독도를 량코도りゃんこ島라고도 불렀다.
** 일본 시마네현 동해상에 위치한 오키 섬의 행정관장.

에 보고한다. 그러자 대한제국 참정대신 박제순은 일본의 행위를 비난하는 동시에 사실관계 조사를 지시한다. 이미 1905년에 '제2차 한일협약'으로 외교권을 빼앗긴 대한제국 정부는 어떠한 대응도 할 수 없었지만, 심흥택의 보고서와 박제순의 행동을 보면 그 이전부터 대한제국이 독도를 자신들의 영토로 인식하고 있었다는 것을 알 수 있다. 독도 영유권 문제는 일본의 식민지화와 함께 시작된 것이다.

일본 정부는 독도 영유권을 주장할 때 1952년 샌프란시스코 강화조약에서 일본이 반환해야 할 영토로 독도를 거론하지 않았다는 것을 근거로 든다('외무성 팸플릿'). 그러나 한국은 이 조약의 당사국이 아니다. 일본과 연합국이 한국을 조약에서 배제했기 때문이다. 그래서 독도 영유에 관한 한국의 의사도 무시되었다.

현재 한국은 국제사법재판소ICJ에 독도 영유권 문제를 제소하자는 일본의 요구에 응하지 않고 있다. '독도는 명백한 우리 영토이며 영유권 분쟁은 존재하지 않는다'라는 것이 한국 정부의 공식 입장이기 때문이다. 한국 측에서 보자면 식민지 지배 과정에서 일본에 빼앗겼던 독도는 당연히 자국 땅이며, 애초에 분쟁이 성립할 수 없는 사안이다.

독도 강제 편입은 조선 식민지화의 일환으로, 한국인에게는

*** '울릉군 소속의 독도'라는 뜻.

조선 식민지화의 상징과 다름없다. 그런데 일본은 식민지 지배의 책임은 지려하지 않으면서 역사까지 왜곡하려고 한다. 독도 영유권 문제를 생각할 때도 이러한 사실을 먼저 고려해야 하지 않을까. 그렇게 한다면 해결의 길이 보일 것이다.

'식민지 지배가 생각만큼
나쁘지 않았다'는데 진짜야?

일본에서는 '한국인은 죄다 반일'이라고 말할 때가 있다. 또 '식민지 지배가 생각만큼 나쁘지 않았다'든지 '조선인을 위한 것이었다'라고 주장하는 사람도 있다. 이러한 인식을 어떻게 생각해야 할지 함께 이야기를 나눠보았다.(2020년 11월 24일 열린 좌담회 기록을 일부 가필·수정했다.)

'반일'이 뭐야?

구마노 일본에서는 '한국은 반일'이라는 말을 자주 하는데, 이 '반일'이라는 단어에 관해 이야기해 볼까? 일단 한국인이 생각하는 '반일'과 일본인이 생각하는 '반일'의 의미가 다른 것 같거든. 한국 측에 있어 '반일'은 '반제국주의', '반식민주의', '반차별', 혹은 '반아베'의 의미인데, 근본적으로는 일본의 침략과 식민지 지배, 반성하지 않는 태도를 비판하는 것이야.

그건 정당한 비판이고, 그런 의미에서의 '반일'은 존재한다고 봐. 확실히 표면적으로는 '일본인을 싫어한다'라든가 '좋은 인상을 갖고 있지 않다'라는 분위기도 있을지 모르지만, 그것도 침략 전쟁과 식민지 지배와 같은 역사적 배경 때문이지 아무 이유 없이 일방적으로 일본을 혐오하는 '혐일', '일본인 혐오'는 아니야. 그런데 일부 일본인은 '반일'을 일방적이고 근거 없는 '일본인 혐오'로 받아들이고 있거든. 그러니까 역사적 맥락은 잊은 채 '과거의 일일 뿐'이라든가 '우리도 싫다' 같은 반응을 하는 것 같아.

그리고 "한국인이 반일이 아니라 다행이었어."라고 말하는 사람도 있잖아. 예를 들면 한국에 여행 갔다 와서 "사람들이 정말 친절하던데?", "하나도 무섭지 않았어."라고 하거나, 케이팝 아이돌에 대해 "노래를 일본어로 부르네.", "일본에 공연하러 자주 오잖아?"라고 할 때 말이야. 그런데 그건 한국의 역사 문제에 대한 정당한 비판은 보지 않는 거야. '한국인이 일본을 좋아하니까 괜찮고, 싫어하면 안 된다'라는 느낌이랄까. 일본인이 한국인을 위에서 아래로 내려다보면서 일방적으로 판단하는 발언 같아. 그런 의미에서 일본인이 생각하는 '반일'은 가해 역사를 인식하지 않기 때문에 나온 단어이자 발상이고, 그건 노골적으로 혐한을 외치는 사람만의 문제가 아니라고 생각해.

오키타 나는 예전에 한국인 유튜버가 일본어로 "내가 한국에서 받은 교육이 '반일'이었다는 사실을 폭로한다."라는 동영상을 올린 걸 보고 놀랐어. 동영상에서 본인은 일본을 좋아하는데, 일본에 유학을 떠나려고 하니 가족과 선생님이 반대해서 싫었다는 식의 말을 하더라고. 충격적이었던 건 그 동영상에 '역시 한국은 답이 없는 나라', '그런 나라에서 일본이라는 대단한 나라에 와줘서 고맙다, 다행이네' 같은 댓글만 주르륵 달린 거야. 거부감이 확 들더라고. '반일 교육'이라고 하는데 과거의 사실을 가르친다는 의미에서 오히려 역사 교육을 제대로 하는 게 아닌가 싶었거든. 거꾸로 일본은 왜 혐한 의식을 가진 사람이나 '일본은 대단하고 좋은 나라'라고 말하는 사람이 많은지 궁금하기도 했어. 왜 '반일 교육을 폭로한다'라는 동영상을 아무 의심 없이 믿을까? '한국은 답이 없는 나라에다 일본을 일방적으로 싫어한다'라고 믿는 건 또 왜 그럴까?

구마노 나도 전에 그런 동영상을 몇 번 본 적이 있는데, 예를 들어 '한국의 역사 교과서에 어떤 내용이 있나요?'라는 질문에 한국인이 일본의 식민지 지배하에 이루어진 '황민화' 정책 이야기가 교과서에 실려있다고 말했어. 그런데 그건 정당한 교육이지, 과연 '반일 교육'일까? 자칫 동영상을 올린 한국인을 비난하는 것처럼 보일까 봐 조심스러운데, 그런 의견을 일본인이 그대로 수용하면 안 된다고 봐.

이상진 한국이 '반일 교육'을 한다는 얘기를 들을 때가 있는데,

일단 한국의 교육은 한국인의 역사를 배우는, 즉 자신들의 정체성을 배우는 과정이야. 그건 일본의 제국주의에 반대하는 교육이 될 수도 있겠지만, '혐일', 그러니까 혐오를 가르치는 건 아니야. 예컨대 독일의 유대인 학살이나 흑인 차별, 홍콩의 시위 같은 걸 생각해 봐. 유대인 학살을 이야기할 때 '반독일'이라고 하지는 않잖아. 일본이 볼 때는 자신들의 정체성과 연관된 역사니까 한국 교육을 '반일'이라고 하는 게 아닐까 싶어.

일본의 식민지 지배 인식

구마노 일본에서 나오는 식민지 지배 정당화 주장이랄까, 일본인의 역사 인식은 어떤 것 같아?

오키타 '그럴 수밖에 없었다'라는 식의 이야기를 자주 듣는 것 같아. 중학교나 고등학교 수업 시간에는 '일본이 개국 요구와 함께 경제적 압박을 받는 상황에서 식민지 침략론이 대두되었고, 그 선택을 할 수밖에 없었다'라는 설명을 들은 기억이 나.

우시키 '식민지 지배가 조선에 득이 되는 일이었고, 그 덕분에 조선이 발전했다', 혹은 '나쁜 짓도 했지만 좋은 일도 했다'라는 식이지.

아사쿠라 "'한일병합'은 상대방도 인정했으니까, 조약에 서명했으니까 '합법'을 바탕으로 이루어진 거다. 그러니까 괜찮다." 라고 보기도 해.

구마노 지금 이야기한 것들도 그렇고, 애초에 일본이 조선을 식민지 지배한 사실 자체가 사람들에게 알려져 있는지도 의문이야. 학교에서 반드시 배우는 내용이지만 단순히 '영토가 확장된' 느낌을 줘서 식민지 지배가 피부에 와닿지 않거든. 그에 비하면 미국과 전쟁을 벌인 역사는 더 와닿아. 미국과 전쟁을 벌였다기보다 원폭이나 공습 피해를 입었다는 이미지에 가까울지도 모르겠지만 말이야. 아무튼 전쟁이 일어났고, 전쟁이 나쁘다는 이미지는 대부분 강하게 갖고 있어. 그런 교육을 받는 거지. 그런데 전쟁이 나쁘다는 말은 해도 '침략과 식민지 지배가 나쁘다'는 말은 거의 못 들어봤어. 그리고 '왜 일본이 미국과의 전쟁에서 패했는가'를 분석하는 경우는 많지만, 왜 일본과 미국이 전쟁을 벌이게 됐는지, 애초에 식민지 지배 역사를 되짚어 보는 경우는 거의 없어. 나도 그랬는데, 식민지 지배 사실은 알고 있어도 무게감이 너무 가볍다고 할까, 알맹이가 빠진 느낌이야.

이상진 '다른 나라도 식민지 지배를 했는데, 그때는 원래 그런 시대 아니었어?'라는 주장은, 일본사뿐 아니라 세계사 인식에도 문제가 있는 거야. 나는 한국에서 고등학교까지 교육을 받았는데, 그때 배운 세계사에서도 스페인이나 영국의 식민지 확장에 대해서는 대국 중심의 역사서술이라 '시대가 그랬다'라는 식으로 서술되어 있어. 마찬가지로 일본인은 일본의 침략 역사를 그 시대에는 자연스러운 것이었다고 생각할 것 같아. 그렇지만 일본에서도 히틀러나 무솔리니의 타국 지배를 떠올릴 때면 그럴 수밖에 없었다거나 지배가 그 나라에 도움이 됐다는 말은 하지 않고, 인권 침해부터 떠올릴 거야. 그런데 일본의 식민지 지배로 인한 인권 침해는 무겁게 생각하지 않는 것 같아.

구마노 '그럴 수밖에 없었다'라는 주장 말인데, 과연 그랬을까? 다른 선택도 있지 않았을까? 그리고 '그런 시대였다'라고 할 때 '그런 시대'는 대체 누구의 시대감각인지 이상해. 결국 다수파의 시대감각 아니겠어? 지배당한 쪽에서는 그런 표현을 인정한 적이 한번도 없을 텐데. 그들은 줄곧 식민지 지배에 반대해 왔고, 따지고 보면 '그런 시대'도 아니었던 거지. 그러니까 시대가 그랬다는 말은 자신들도 그야말로 다수파, 즉 지배하는 쪽의 입장에 서서 말하는 것일 뿐이야.

우시키 그것과 관련해서 식민지 지배는 피지배인의 자기결정권을 모조리 빼앗아 주체적으로 사회를 형성해 나가는 과정을 왜곡한다는 점에서 문제가 큰데, 일본은 그 사실 또한 가르치지 않은 채 외면하고 있어. 분명 다른 나라에서도 지배한 쪽에서는 그런 경향이 있겠지만, 일본 내에서는 특히 그런 경향이 강해. 식민지 지배라는 중대한 문제에 대한 인식

결여는 독보적이지 않을까. 다른 나라도 그랬으니까 괜찮다는 식으로 끝낼 이야기가 아닌데 말이야. 중요한 건 어떻게 이 문제를 극복해 나가는가야. 지금도 식민지 지배라는 이름으로는 아니어도, 실질적으로 그와 비슷한 일이 일어나고 있어. 식민지 지배가 중대한 범죄라는 인식이 자리 잡지 않는한 그런 일은 계속 일어날 거야.

식민지 지배는 범죄

구마노 식민지 지배가 조선이라는 나라에 득이 되는 일이었다든가 합법이었다는 주장을 자주 듣는데, 그런 견해에 대해서는 어떻게 생각해?

우시키 (식민지 지배로 조선이) '근대화했다'든가 (일본이) '개발해 줬다'라는 이야기라면, 그건 조선을 생각해서 한 일이 아니었고, 어디까지나 일본의 경제권에 조선을 편입하기 위해서 한 일이었잖아. 실제로 군과 기업이 토지·식량·노동력 등을 수탈해 조선의 영토 자체도 굉장히 황폐해졌고, 고향을 떠날 수밖에 없거나 돌아가지 못하게 되는 등 사회 전체를 짓밟아 놓은 것이 식민지 지배의 실상이야(76~80쪽). '여행으로 자주 가는 한국'의 이미지만으로는 상상하기 어렵겠지만 말이야.

그리고 '일본의 지배가 없었다면 현대 한국의 발전도 없었다'라는 이야기도 문제가 있어. 그건 지배하는 쪽이었던 일본의 입맛에 맞는 부분만 골라 말하는 것에 불과하거든. 일본에게 지배당하기 훨씬 전부터 최선을 다해 (국가와 사회를) 만들어온 조선인들에게 굉장히 실례인 말이기도 해.

(한일병합조약'하에서 당시에는 식민지 지배가) '합법이었다'라는 주장도 있는데, 그것도 일본의 강력한 군사적 압력 때문에 강제로 이루어진 것이야. 그리고 만약 '합법'이었다면 괜찮은 걸까? 그건 그것대로 큰 문제인데. 조약 자체가 악법 아니겠어? '합법'이었다고 해도 그 악법을 인정해 버리면 괜찮은 걸까? 일본인의 '일단 정해진 것은 따라야 한다', '한번 정해진 것은 바꾸면 안 된다'라는 사고방식이 우리가 사회를 바꿔나가고자 하는 의식이 미약한 것에도 영향을 미친 게 아닐까 해. (식민지 지배하에서는) 인권 침해도 어마어마했어. 일본의 왜곡된 부분이나 잘못된 제도, 예컨대 성차별적인 '이에 제도家制度'* 등을 식민지하에 있던 조선에 도입시킨 것도 꼭 짚어봐야 할 점이야(161~163쪽 참조).

구마노 식민지 지배가 나쁘다는 건 알지만, 다른 나라도 그랬는데 일본에만 뭐라고 하는 것 같다는 사람도 가끔 있어.

우시키 일단 일본에만 뭐라고 한다는 게 맞는 말일까? 내 생각엔 전혀 아닌 것 같거든. 예를 들어, 과거에 영국이나 프랑

---

* 1898년에 제정된 일본의 가족제도. 남성 호주 중심의 가부장적 제도로 현재는 폐지되었다.

스의 식민지 지배로 심각한 인권 침해를 당한 피해자들은 현재도 꾸준히 목소리를 내고 있어. 좀 더 가까운 예를 들자면 BLM 운동Black Lives Matter*도 식민주의에 대한 저항이잖아. 북미대륙의 소수인종에는 흑인과 선주민先住民이 다수 포함되어 있는데, 그런 소수인종이 당하는 인종차별은 백인의 입식入植**과 노예제의 구조를 그대로 이어받고 있으니까.

구마노 확실히 식민지 지배 책임이 국제적으로 아직 충분히 확립되지 않은 부분이 있지만, 식민지 지배 자체가 범죄라는 인식이 자리 잡지 않는 한 문제가 해결되지 않을 거야. 현재 강제징용이나 일본군 '위안부' 문제에서도, 물론 모두 중대한 문제지만, 근본적인 문제로서 식민지 지배 자체가 범죄라는 인식이 몹시 부족하다고 봐. 일본뿐 아니라 세계적으로도 그런 경향이 있는 것 같지만, 일본의 상황을 보면 그 부분이 한참 부족한 느낌이야. 식민지 지배 자체를 범죄라고 말할 때, 민족자결을 부정한 것에 대한 죄인지, 평화를 깨뜨린 죄인지, 아니면 조선이 식민지 지배를 겪지 않았으면 걸어 나갔을 그 시대랄까 시간을 왜곡시킨 죄인지. 그 부분은 지금도 고민 중이지만, 아무튼 식민지 지배 자체가 크나큰 문제라는 사실을 일본 측에서 똑바로 인지해야 한다고 생각해.

---

* '흑인의 목숨도 소중하다'라는 뜻의 인종차별 반대 운동이다.
** 식민지를 개척하려고 다른 나라나 지역에 들어가 삶.

3장

한일관계로
되묻는
우리 사회

한국과 일본이 갈등을 빚게 된 배경은 얼추 정리되었을 것이다. 3장에서는 여기서 한발 더 나아가 우리가 살아가는 일본 사회와 동아시아 사회를 다시 들여다본다. 일본 사회에서 자주 다루지 않는 주제가 많이 등장하는데, 이 주제들을 이해한다면 한일관계에 대해 더 깊이 생각할 수 있는 실마리를 손에 쥘수 있을 것이다.

왜 한국인은 '레이와' 글에
반응하는 거야?

이상진

인기 케이팝 그룹의 일본인 멤버가 '레이와令和'로 연호가 바뀌기 전날 SNS에 이런 글을 올렸다.

헤이세이 출생으로 헤이세이가 끝나는 건 왠지 쓸쓸하지만, 헤이세이 수고했어. 레이와라는 새로운 시작을 위해 헤이세이 마지막 날인 오늘 하루를 깔끔하게 보내자!*

이 '레이와' 글에 한국인의 반응은 둘로 나뉘었다. 일부는 '일본인이 군국주의를 연상시키는 연호를 언급한 것은 경솔한 행

---

* 〈"헤이세이 끝나 쓸쓸" 트와이스 사나의 인스타, 그렇게 문제였을까〉 《한겨레》, 2019년 5월 2일 기사.

동'이라고 비판했고, 대다수는 '일본인이 볼 때 연호가 바뀌는 것은 곧 시대의 변화를 나타내는 것이니 언급은 문제가 되지 않는다'라고 옹호해 논쟁이 벌어졌다.

일본인에게는 시대 구분에 불과한 연호를 두고 한국인은 왜 논쟁을 벌였을까. 이 문제를 들여다볼 때는 근대 이후 일본의 연호가 일왕 즉위부터 서거까지를 하나의 시대로 보는 '일세일원一世一元' 제도라는 사실을 염두에 둬야 한다. 즉, 연호는 단순한 시대 구분이라기보다 일왕에 의한 '시간의 지배'가 이어지는 것을 의미한다. 그리고 이 일왕에 의한 '시간의 지배'는 식민지 조선에도 적용되었다. 2장에서 일본이 어떤 식으로 조선을 지배했는지 확인했는데, 이제 일본의 조선 지배를 '천황제天皇制'의 관점에서 살펴보자.

'메이지'와 식민지 조선

일본의 근대화는 메이지 일왕이 즉위한 메이지 원년(1868년)부터 본격화했다. 그와 동시에 페리 내항* 이후 일본 사회에서 부르짖던 '조선 침공론'이 메이지 유신 과정에서 구체화되었다. 메이지 22년(1889년)에 일왕을 주권자로 하는 대일본제국헌법을

---

* 1853년 미국의 제독 매튜 C. 페리가 이끄는 미국 해군 동인도 함대가 일본에 내항한 사건이다.

공포한 일본은 메이지 일왕을 최고 책임자로 놓고 조선 침략을 목적으로 진행한 청일전쟁 및 러일전쟁에서 잇따라 승리한다.

2장에서 살펴본 바와 같이 메이지 43년(1910년) 8월 22일에는 '한일병합조약'을 통과시켰다. '한일병합조약'의 제1조는 '한국 황제 폐하는 한국의 통치권을 일본국 황제 폐하에게 완전하고도 영구히 양도한다'이다. 즉, 메이지 일왕이 한반도의 '지배자'가 된 셈이다. 이렇게 조선에서도 일본의 원호를 강제로 사용하게 된다. 그리고 조선왕조를 승계한 대한제국은 멸망하고, 대한제국의 황제와 황족은 '이왕가李王家'로서 일본 황실에 속하게 된다. 또 조선총독부의 최고 책임자인 조선 총독은 일왕에 직접 예속되어 일왕의 대리인으로서 일왕의 임명을 받아 조선을 지배했다.

'다이쇼'와 식민지 조선

1912년부터 시작된 다이쇼大正 시기에는 조선총독부가 '문화통치'로 통치방식을 전환(76~80쪽 참조)하는 한편, 다이쇼 14년(1925년)에는 일왕의 칙령에 따라 일본의 치안유지법을 조선에도 적용한다. 조선에서 시행된 치안유지법으로 조선인의 독립운동은 '국가 체제의 변혁'으로서 탄압되었다. 치안유지법처럼 일본에서 제정된 법률이 조선에 적용된 때에는 칙령에 기초해

식민지 시기의 조선신궁.

도입된 경우가 많았다. 일왕이 법체계에서도 조선 통치에 깊이
관여했으니, 명실상부하게 조선 식민지 지배 최고 책임자였다
고 할 수 있겠다.

한편 조선인을 '동화'하는 수단으로도 '천황제'를 이용했다.
서울의 남산이란 곳을 들어봤을 것이다. 현재 남산에는 서울의
랜드마크인 서울타워가 있어 많은 관광객이 다녀가는데, 다이
쇼 14년(1925년)에는 이 남산에 조선신궁이 세워졌다. 조선신궁
의 제신祭神은 아마테라스 오미카미와 메이지 일왕으로, 메이지
일왕이 제신이 된 것은 아주 상징적이다. 앞서 언급했듯 메이지
일왕은 조선을 식민지화한 책임자이고, 조선 지배의 최고 책임
자이기도 했다. 이러한 인물을 신격화함으로써 식민지 지배의
정당성을 꾀한 건 아니었을까.

'쇼와'와 식민지 조선

쇼와昭和 6년(1931년)의 '만주사변'을 계기로 '15년 전쟁'*이 발발한다. 1930년대 후반이 되자 조선총독부는 '황민화'를 밀어붙이며 조선을 지배하려고 했다. 그리고 '내지內地'**와 조선은 하나라는 '내선일체內鮮一體'를 내세워 갖가지 정책을 전개한다. 이러한 정책의 목적은 조선인에게 '황국신민'이라는 의식을 주입한 뒤 '황민화'한 조선인을 전쟁에 동원하기 위한 것이었다.

일본은 일단 조선인을 '황민화'하기 위해 신사참배를 강요했다. 이 시기에 조선신궁에는 조선인의 참배가 줄을 이었다. 당시 조선인은 신사참배를 어떻게 받아들였는지 증언을 살펴보자.

그날이 왔소이다. 배속장교 우두머리가 교장 이하 전 교원과 천여 명의 전교생을 인솔하고, 나팔을 불면서 남산 꼭대기로 행진해 가지 않겠소이까. 드디어 전원이 신궁 앞에 정렬하고 늘어서자 "사이코케이레이"(최고의 예우 경례) 구령이 떨어지더군요. 만일 절을 안 한다면 그땐 나뿐만 아니라 집안 식구 모두가 잡혀 들어가는 판 아니겠소이까. 무섭습디다. 정말 무서웠어요.***

---

* 1931년 만주사변을 시작으로 1937년 중일전쟁, 1941년 아시아태평양전쟁을 거쳐 1945년 패전까지 이어진 15년간의 전쟁을 뜻한다.
** 일본 본토를 뜻한다.
*** 〈99년 전 오늘, 일제가 '식민지배의 상징' 남산 신궁 건설을 공표하다〉《한겨레》, 2018년 7월 18일 기사.

서울에 남아있는 노기신사乃木神社* 터.

이 증언으로도 알 수 있듯 신사참배는 조선인의 의사와는 관계없이 강압적으로 실시된 정책이었다.

학교를 비롯한 단체에서는 쇼와 12년(1937년)에 만든 〈황국신민서사〉를 강제로 제창하게 했다. 〈황국신민서사〉는 아동용과 성인용 두 가지인데, 아동용의 내용은 "하나, 우리는 대일본제국의 신민입니다.", "둘, 우리는 마음을 다해 천황폐하께 충의를 다하겠습니다.", "셋, 우리는 괴로움을 참고 단련하여 훌륭하고 강한 국민이 되겠습니다."이다. 일본이 강제로 일왕에 대한 충성을 맹세하게 하고, 조선인의 민족성을 말살하려고 했

* 메이지 일왕이 죽자 뒤를 이어 할복자살한 노기 마레스케乃木希典 장군을 기리는 신사이다.

음을 알 수 있다.

이 외에도 학교에서 조선어를 선택과목으로 만들고, 조선인에게 일본식 '씨氏'를 강제로 쓰게 한 '창씨개명創氏改名'을 강요했다. 앞서 이야기했듯이 '황민화'의 최종 목표는 조선인을 전쟁에 동원하는 것이었다. 쇼와 13년(1938년)에는 '지원'이라는 형태로 조선인을 전장에 동원했고, 쇼와 18년(1943년)에는 학생을 대상으로 한 '학도병 제도'를 시행했다. 나아가 쇼와 19년(1944년)부터는 조선에 징병제를 시행하고, '황군皇軍'이라는 이름 아래 조선과 아무런 상관없는 전쟁에 조선인을 강제 동원했다.

이처럼 일본의 조선 지배는 '한일병합' 이전부터 '천황제' 아래 추진된 것으로, 일왕은 식민지 조선의 최고 책임자였다. 이렇게 보면 일왕의 즉위로 바뀌는 원호는 조선인에게는 식민지 지배를 상징하는 것과 같다. 그리고 그 원호가 지금도 쓰인다는 사실은 식민지 지배가 결코 과거의 일이 아니라는 것을 재확인시킨 셈이다.

한편 전후 일본에서도 원호에 대한 비판이 있었다는 사실을 간과해서는 안 된다. 우선 전후 민주화 정책과 함께 원호 제도는 법적 근거를 잃었지만, 그 후로도 관습적으로 원호를 사용했다. 일본 정부는 여기서 더 나아가 원호의 제도화를 꾀했는데, 일왕의 '시간 지배'를 상징하는 원호가 민주주의에 적합하지 않다는 당시 야당과 역사학자의 반대에 부딪혔다. 1979년 결국 '원호법'이 제정되면서 원호가 제도화되었지만, 원호 제도에 대한 비판은 계속되었다. 다만 이러한 비판의 영향은 제한적이었고, 일본 국민의 의식을 바꾸는 데까지 이르지는 못했다는 사실도 지적해 두고자 한다.

일본 사회는 현재 일왕을 '일본의 상징이자 일본 국민 통합의 상징(일본국헌법 제1조)'*으로 본다. 또 일본 사회에는 '천황제'를 평화의 상징으로 두려고 하는 동향도 있다. 이러한 가운데 많은 사람이 '원호'가 일왕의 '시간 지배'를 상징한다는 사실을 망각하고 있다. 그렇게 '천황제'에 기초한 강압적인 식민지 지배 또한 잊어버린 것 아닐까. '레이와'가 거리낌 없이 사용되는 이유는 이 때문일 것이나, 역사에 입각해 다시금 '천황제'와 원호의 의미를 생각해 볼 필요가 있다.

* 천황은 일본국의 상징이자 일본 국민 통합의 상징이며, 이 지위는 주권이 존재하는 일본 국민 총의에 근거한다.

케이팝 아티스트가 입은 '원폭 티셔츠'

아사쿠라 기미카

이제는 전 세계적으로 인기 있는 BTS를 인터넷에서 찾아보면 몇몇 사이트에서 '반일' 그룹이라는 식의 글이 올라와 있는 걸 볼 수 있다. 그런 글이 올라온 가장 큰 원인은, BTS의 한 멤버가 원자폭탄 투하 티셔츠를 입은 일 때문일 것이다. 이번에는 이 일이 어떤 문제였는지 돌아보면서 우리 일본인은 어떻게 해석해야 할지에 대해 생각해 보려고 한다. 아사히신문은 다음과 같이 보도했다.

세계적 인기를 구가하고 있는 한국의 7인조 남성 그룹 BTS(방탄소년단)가 9일 저녁에 방송 예정이었던 TV아사히의 음악프로그램 '뮤직 스테이션'의 출연을 취소했다. TV아사히에 따르면 BTS

의 멤버가 이전에 입었던 티셔츠에 원자폭탄 투하 이미지가 프린트되어 있어 파문을 일으켰다는 보도가 있었기에 착용 의도를 묻는 등 소속 레코드 회사와 협의를 이어갔으나 출연 취소를 요청하게 되었다고 한다. 문제가 된 티셔츠에는 'PATRIOTISM(애국심)', 'LIBERATION(해방)', 'KOREA(한국)' 등과 같은 단어와 함께 원폭 투하 후 버섯구름이 피어오른 사진도 프린트되어 있었다.*

논란이 일자 BTS 측은 일본과 한국의 피폭자 단체에 사과했다고 하는데(한국의 피해자에 대해서는 뒤에서 설명하겠다), 이 사건을 어떻게 받아들여야 할까. BTS 멤버가 원자폭탄 버섯구름이 그려진 티셔츠를 입은 진의를 우리는 알 수 없다. 또 BTS가 이 티셔츠를 '입었다는 것'을 논의하는 것이 이 글의 목적은 아니다. 이 사건을 통해 일본이 역사 인식에 관해 안고 있는 과제에 대해 생각해 보는 것이 중요하다고 본다.

이 문제에서 생각해 봐야 할 사항은 두 가지이다. 하나는 한국을 비롯해 일본의 침략을 받은 여러 나라와 일본 사이의 원폭에 대한 인식 차이가 크다는 점이다. 또 하나는 애초에 일본 내 '혐한' 등의 배외주의가 확산하는 상황에 BTS의 티셔츠가 이용되었다는 점이다.

* ⟨원폭 그려진 티셔츠에 "애국", "해방" BTS 출연 보류原爆描いたシャツに"愛国""解放" BTS 出演見送り⟩ 《아사히신문朝日新聞》, 2018년 11월 9일 기사.

먼저 원폭을 향한 인식 차이를 살펴보자. 1945년 8월 6일 히로시마, 9일 나가사키에 원폭이 투하되고, 소련의 참전 소식 등을 접한 일본은 무조건 항복을 받아들여 패전국이 되었다. 일본인에게 원폭은 특별한 의미인데, 원폭과 패전 그리고 그 후의 평화, 반핵과 같은 이념이 서로 연결된 이미지로 자리 잡았다.

그렇다면 한국을 비롯해 일본의 침략을 받은 여러 아시아 국가가 봤을 때는 어떨까. 이 질문에 대한 답을 구하려면 우선 일본의 침략 전쟁과 식민지 지배를 돌이켜 봐야 한다. 일본은 조선을 식민지로 삼은 뒤 중일전쟁을 일으키고 미국을 비롯한 연합국과의 전쟁으로 확대했다. 즉, 일본이 침략 전쟁을 일으킨 주체이며 원폭 투하는 그에 따른 결과였다고 할 수 있다. 일본은 원폭 피해자이기 이전에 가해자였다는 뜻이다.

한국을 비롯해 일본의 침략을 받은 아시아 국가에서 일본으로부터 해방된 '기억'은 그 직전에 일어난 원폭 투하의 '기억'과 불가분의 관계에 있다. 한국은 일본의 식민지 지배로부터 해방된 날을 기념해 8월 15일을 광복절(70~71쪽 참조)로 정하고 있어, 해방과 원폭을 따로 떼어내어 생각하기는 어렵다고 할 수 있다.

히로시마의 '원폭 시인'인 구리하라 사다코栗原貞子는 〈히로시마라고 말할 때ヒロシマというとき〉라는 시에서 다음과 같이 이야기한다.

'히로시마'라고 말할 때
'아아 히로시마'라고 상냥하게 대답해 줄까
'히로시마'라고 말하면 '진주만'
'히로시마'라고 말하면 '난징학살'

일본이 아무리 원폭 피해를 호소해도 침략 전쟁을 벌인 일본의 가해 역사를 묻는 목소리가 되돌아온다는 것이다. 구리하라 사다코는 시의 마지막을 이렇게 마무리한다.

'히로시마'라고 말하면
'아아 히로시마'라는 상냥한 대답이 돌아오려면
우리는
우리의 더럽혀진 손을
깨끗이 해야만 한다
(《히로시마라고 말할 때》 중)

애초에 문제가 된 티셔츠는 원폭이 주제가 아니었다. 광복절이라는 주제를 놓고 해방의 기억과 밀접한 연관이 있는 원폭을 그린 것이다. 왜 이런 티셔츠가 제작되었는지, 일본과는 다른 한국의 역사 인식을 먼저 이해하는 것이 중요하지 않을까.
여기서 원폭 인식과 관련해 하나 더 생각해 봐야 할 문제가 있다. 일본에서는 흔히 '유일한 피폭국'이라는 표현을 쓰는데,

히로시마 평화기념공원의 한국인
원폭 희생자 위령비.

원폭 피해는 일본인만 입은 것이 아니다. 식민지 지배로 삶이
파괴되어 먹고살기 위해 어쩔 수 없이 일본으로 이주해 오거나
징용 등으로 강제 연행되어 온 조선인도 원폭 피해를 입었다.
식민지 지배를 당하지 않았다면 피폭될 일이 없었을 조선인이
그곳에 존재했던 것이다. 이처럼 원폭 문제는 일본의 침략을 받
은 여러 나라의 시각에서 볼 때는 그 이전에 일어난 일본의 침
략 전쟁 및 식민지 지배와 따로 떼어내어 생각할 수 없는 문제
이다.

　이제 이 사건을 해석할 때의 두 번째 포인트를 살펴보자. '원
폭 티셔츠'를 맹비난한 배경에는 애초에 일본에 만연한 '혐한'

감정이 있다. 이 논란은 한국 대법원이 신일철주금新日鉄住金(현 일본제철)을 상대로 강제징용 피해자에게 위자료를 지급하라는 판결을 내리자, 한국을 향한 비난과 혐오가 들끓는 가운데 일어 났다.

애초에 BTS 멤버가 티셔츠를 입은 것은 이 논란이 일기 1년 도 더 된 사석에서의 일이었는데, 한국을 비난하는 사회 분위기 가운데 크게 보도되기에 이른 것이다. 노리마쓰 사토코乘松聡子 에 의하면 이러한 움직임에서 구심점 역할을 맡은 것은 재일조 선인(134~137쪽 참조)에 대한 혐오 활동을 벌여온 배외주의 단 체였다고 한다.* 이 단체는 평화기념식전이 열린 8월 6일에 히 로시마에 모여 큰소리로 핵무장을 외쳤다고 한다. 또, 원폭 문 제를 그린 만화《맨발의 겐はだしのゲン》을 공공도서관에서 열람 하지 못하게 제한하는 운동을 전개한 것도 이 단체였다고 한다. 즉, 원폭 피해자를 적대시하는 운동을 벌여온 단체가 BTS를 비 난하기 위해 원폭 피해를 이용했다고 볼 수 있다. 또 BTS를 향 한 비난은 일부 단체뿐 아니라 사회 전체에 퍼졌는데, 그 배경 에 '한국이 또 무언가를 하고 있다'라든가 '한국인은 끝도 없이 식민지 지배를 물고 늘어진다'와 같은 '혐한' 감정이 없었는가를 생각해 봐야 한다.

* 〈BTS(방탄소년단) 소동 관민이 협동해 혐한BTS(防弾少年団) 騒動 官民挙げての嫌韓ヘイト〉 《류큐신보琉球新報》, 2018년 11월 19일 기사.

한국 아이돌은 왜 다들 군대에 가?

우시키 미쿠·이상진

병역제도가 뭐야?

한국 영화나 드라마를 보면 남학생이 병역의 의무를 지러 가는 모습이 종종 등장한다. 최근에는 한국 인기 아티스트의 병역 면제 논의가 화제에 오르기도 했는데, 한국에서 병역제도가 어떤 의미인지 피부로 와닿는 일본인은 많지 않을 것이다. 우선 한국의 징병제도가 어떠한 것인지, 필자 중 한 사람인 이상진의 경험을 통해 소개해 보려고 한다.

한국 남성은 만 19세가 되는 해에 현역 복무가 가능한지를 판단하는 병역판정검사를 받아야 한다. 병역판정검사를 통해 적정 판정을 받은 남성은 이듬해부터 입대할 수 있는데, 많은 사람이 스물한 살이나 스물두 살경에 입대한다. 입대하면 일단 훈련소에서 기초군사훈련을 받는다. 훈련소는 사회와 단절된 곳으로 사격훈련 등 군인이 되기 위한 기초를 닦는다. 훈련소에서는 샤워 시간까지 포함해 모든 것이 통제된다. 그 당시에는 휴대전화도 사용하지 못했기 때문에 부모님과 친구의 편지를 받으면 기뻤던 기억이 난다.

기초군사훈련을 수료하면 각 부대에 배치되고, 본격적인 계급 생활이 시작된다. 무슨 일을 하고 있든 장교를 만나면 경례해야 하고, 병사끼리도 계급이 있어 계급별 역할이 암묵적으로 정해져 있다. 군대의 하루는 다음과 같다. 매일 아침 6시 반에 일어나 점호를 실시한다. 점호는 인원 파악이 주목적으로 이때 〈복무신조〉를 낭독한다. 그리고 조식을 먹고 일과를 시작한다. 일과는 개인의 특기에 따라 달라지는데, 나는 일본어 번역 업무를 맡았다. 일과가 끝나면 석식을 먹고 개인정비 시간(자유시간)에 들어간다. 운동하는 병사도 있고, 생활관에서 TV를 보는 병사도 있다. 저녁 9시부터는 생활관 청소와 야간점호를 실시하며 저녁 10시에 취침한다.

이러한 병역제도는 개인과 사회에 어떠한 영향을 미칠까. 일단 군대에 가면 2년가량 사회와 단절된 채 생활한다. 병역 의무를 지는 병사는 대부분 대학생이다. 그들이 병역 의무를 마치고 복학하면 군대에 가지 않은 동기들은 2년 선배가 되어있다. 즉, 대다수 한국 남성은 일본인과 비교해 2년가량 늦게 사회인이 되는 셈이다.

또, 2년가량 계급사회 속에서 생활한 한국 남성들은 명령과 복종에 익숙해진다. 그래서 병역을 경험한 남성은 사회에 나와도 자기보다 '윗사람'에게는 복종하고 '아랫사람'에게는 명령하는 것을 당연시하는 경향이 생긴다. 한국 사회의 수직적인 질서는 병역제도로 형성되었다고 해도 과언이 아니다. 이는 한국 사회의 가부장제와도 밀접한 관련이 있다고 생각한다. 최근 이러한 한국 사회의 수직적 질서가 예전에 비하면 완화된 부분이 있는데, 이는 군대의 인권 의식이 어느 정도 개선되어 가는 상황에 따라 변화한 것이라고 본다.

징병제도는 왜 생겼어?

이렇게 한국 사회와 개인의 인생에 적지 않은 영향을 미치는 징병제도는 왜 생겼을까. 일단 한반도에서 처음으로 징병제가 실시된 것은 1944년으로 일본에 의해서였다. 해방 후 징병제는 한때 폐지되었는데, 한국전쟁 때는 한반도 전역에서 많은 청년이 희생되었다. 그 후 1951년 공식적으로 징병제가 부활해 지금의 징병제도의 기초가 되었다.

왜 지금도 징병제도가 남아있는 거야?

징병제도가 남아있는 가장 큰 이유는 한국전쟁(1950~1953년)이 발발한 지 70년이 넘었지만 지금까지도 종결되지 않고 '휴전 상태'에 있기 때문이다. 남한과 북한은 오랫동안 '언제든 전쟁을 재개할 수 있는' 상태에 있다. 냉전이 종결되어도 남북한은 서로에 대한 불신을 씻어내기 쉽지 않을 것이다. 침략과 전쟁의 경험으로 한국은 국방의 필요성을 실감했고, 북한도 일본의 침략과 한국전쟁 당시 미국의 격렬한 공폭空爆은 무서운 기억으로 남아있을 것이다.

남한과 북한은 왜 그렇게 대립하는 거야?

한반도의 대립은 한민족 스스로가 만들어낸 것이 아니다. 그 기원은 일본의 식민지 지배에 있다. 일본은 식민지 시절 조선인을 분열시킨 뒤 일부를 지배에 이용했는데, 이 과정에서 일본에 협력하는 '친일파'가 나타났다. 조선인을 무자비하게 탄압하며 강제로 협조하게 했기 때문에 어디까지를 '친일파'로 봐야 하는가에 대해서는 지금도 논란이 일지만, 일본의 이러한 분단 통치로 생긴 한민족의 갈등은 해방 후에도 계속 이어졌다.

친일파가 생겨난 한편 많은 조선인은 독립을 위해 다양한 방법을 시도했다. 사회주의자도 항일운동을 활발하게 펼친 세력 중 하나이다. 일본 사회에서 '사회주의'라고 하면 전체주의적 이미지가 먼저 떠오르지만, 당시 조선에서는 해방 이론으로서 사회주의를 적극적으로 수용했다. 조선인 사회주의자들이 철저하게 일본에 저항했고, 그들의 끈질긴 행동에 많은 민중이 공감해 운동이 확대되었다. 이후 좌파로 불리는 사회주의 세력과 우파로 불리는 민족주의 세력은 폭넓은 계층의 조선인을 끌어들이기 위해 손을 잡았고, 1927년 '신간회'를 결성한다. 그렇게 조선인의 항일운동은 노동자, 농민, 운동가의 연합으로 널리 퍼져나갔다.

이렇게 민중을 중심으로 폭넓은 층이 독립운동에 참여한 역사는 해방 후에도 유의미한 영향을 미쳤다. 일본으로부터 해방된 조선에서는 여운형, 안재홍, 허헌 등 좌파와 우파의 독립운동가가 한뜻이 되어 '조선건국준비위원회'를 결성했다. 이들은 1945년 9월 6일에 조선인민공화국 수립을 선언하고 조선인에 의한 자주 국가 건설을 꾀했다. 그런데 이에 앞서 삼팔선 이북에 소련군, 이남에 미국군이 진주進駐하는 방침이 결정되었다.

미국은 진주 전부터 일본에 연락을 취해 조선에 관한 정보를 수집했다. 조선인에 대한 뿌리 깊은 편견을 갖고 있던 일본은 여운형 일행의 활동을 공산주의자에 의해 선동된 것이라 단정 지었다. 조선인에 의한 자주 국가가 수립되면 기득권익을 잃을 것을 두려워한 '친일파' 조선인도 비슷한 정보를 미국에 흘렸다.

파주시에 있는 분단의 상징인 임진각.

공산 세력의 확대를 두려워한 미국은 9월 8일에 한반도 남부에 상륙하고 조선인민공화국을 부인했다. 한편 소련은 8월 말까지 북부를 점령했다. 소련군민정부와 협력한 인민위원회는 소작료 인하 등의 개혁을 단행했다. 1948년에는 자주적인 국가 건설을 갈망했던 조선 민중의 거센 반발을 억누르고 남한에서 단독 선거를 실시해 대한민국 정부를 수립했다. 이에 북한에서는 조선민주주의인민공화국을 수립했고 소련군은 철수했다.

그 후 한반도는 일촉즉발의 상태에 놓였고, 곧 한국전쟁이 발발했다. 한국전쟁은 때때로 냉전 구조의 체현으로 일컬어지는데, 남북한이 서로 정당성을 다툰 내전의 성격도 띠고 있다. 한국전쟁으로 희생된 사람은 남북한 도합 500만 명, 이산가족은 1,000만 명이나 된다고 한다. 일본은 이 비극의 이면에서 군

용물자 수출로 경제 부흥, 이른바 '조선특수'*를 경험했다. 또, 한국전쟁을 계기로 일본이 재군비하고 미국에 협력한 사실도 밝혀졌다.

한민족끼리 싸우게 되자 남북한 사이에는 극심한 불신이 싹텄다. 특히 냉전기에 남북은 대화의 물꼬를 트기가 매우 어려웠다. 대한민국의 군부는 이러한 북한에 대한 불신을 이용해 자신들의 지배를 정당화하면서 독재정권을 유지했다. 나아가 민주화를 외치는 세력은 '공산주의자'로 간주해 많은 사람을 처단했다. 한국군에는 식민지 시절의 일본군 출신자가 다수 포함되어 있었다. 그래서 군 시스템이나 무기고, 고문 시설 및 방법에 이르기까지 구 일본군의 방식을 그대로 따르고 있었다. 대외적으로도 한국은 냉전 속에서 '반공주의 동맹'에 편입되어 일본과 함께 미국의 군사적 거점이 되었다. 이러한 상황에서 징병제 폐지는 요원하기만 했다.

그러나 한국인은 끈질기게 민주화운동을 벌였고, 1987년 마침내 군사독재정권 타파라는 크나큰 성과를 거머쥐었다. 그 이후 군사독재정권기의 인권 침해에 대한 진상규명과 함께 남북한 화해 시도가 활발히 이루어지고 있다.

* 한국전쟁이 발발하자 미국은 일본에서 전쟁 물자를 구입해 일본 경제는 호황을 맞았다.

일본과는 상관없는 일일까?

최근 일본에서도 한국 드라마 〈사랑의 불시착〉이 인기를 끌었다. 같은 역사와 언어를 공유하면서도 분단되어 자유롭게 왕래할 수 없는 한민족을 보며 안타깝게 여긴 적이 있을 것이다. 군대에 가야 하는 한국인 아이돌을 두고 '안 갔으면 좋겠다'라며 슬퍼한 사람도 있을 것이다. 그런데 한반도의 분단과 병역을 단순히 '비극', '나를 슬프게 하는 무언가'로서 일본의 행위와 떨어뜨려 생각하고 있지는 않았을까.

먼저 다시 생각해 봐야 할 것은 한반도의 남북분단을 초래한 원인이 일본의 해외 침략과 식민지 지배에 있다는 사실이다. 그리고 현재 일본은 세계 유수의 군사력을 보유하고 있고, 이와 더불어 재일 미군의 존재도 북한에는 큰 위협이다. 일본을 포함한 주변국의 군비경쟁이나 한국과 일본에 가로놓인 영토 문제가 한국의 군비 확장을 부채질한 면도 있다. 일본에는 핵 문제나 납치 문제를 거론하며 북한을 테러국 취급하는 분위기가 있지만, 핵 개발 문제는 냉전 종결 후로도 국제사회가 북한을 고립시켜 군사적 위협을 가한 탓도 있을 것이다. 이처럼 한반도의 군사적 긴장 배경에 일본은 깊이 관여되어 있다.

북한의 핵 개발이나 한국 연예인의 병역을 바라보며 일본인인 당신은 무엇을 떠올리는가. 우리는 역사를 '이미 끝난' 과거의 일이 아니라고 생각하는데, 당신은 어떠한가.

칼럼

한국 영화의 매력

구마노 고에이

한국이 예전에는 지금과 달랐어?

불과 30여 년 전까지 한국은 군사독재국가였다. 시민들의 끈질긴 운동으로 독재정권이 무너지고 민주화가 실현되어 지금에 이른 것이다. 이번에는 한국의 민주화운동을 다룬 영화를 소개하면서 한국의 현대사를 살펴보려고 한다.

한국은 어떻게 민주주의 국가가 됐어?

앞서 일본의 지배에서 해방된 한반도가 미국과 소련에 의해 남북한으로 분할 점령되고 난 뒤, 1948년 대한민국과 조선민주주의인민공화국이 수립되고 한국전쟁(1950~1953)이 발발한 것을 확인했다. 그 후 한국에서는 초대 대통령 이승만의 독재체제가 얼마간 이어졌으나, 1960년 학생을 필두로 한 시위 물결로 퇴진하기에 이른다(4·19혁명). 하지만 이듬해인 1961년 군인인 박정희가 쿠데타로 정권을 빼앗고, 한국은 더 강력한 군사독재체제가 된다. 특히 박정희 대통령은 식민지 시기에 일본의 군관학교를 졸업하기도 해, 일본의 식민지 정책의 성격을 계승한 강압적인 정치를 시행했다. 박정희 대통령은 1979년에 측근에게 암살되는데, 직후에 군인인 전두환이 쿠데타를 일으켜 실질적으로 국정을 지배하게 된다.

그러자 전두환의 쿠데타에 반대하는 시위가 각지로 퍼졌고, 1980년 5월 광주에서 훗날 '광주 5·18 민주화운동'이라 불리는 대규모 민주화운동이 일어난다. 10일에 걸친 민주화운동 중에는 계엄군이라는 정예부대가 수많은 학생과 시민을 살상용 곤봉으로 구타하고, 급기야 무차별 사격까지 시행했다. 이러한 광주에서의 학살 참상이 세계적으로 널리 알려지는 데 중요한 역할을 한 어느 택시운전사와 독일인 기자의 일화를 다룬 영화가 〈택시운전사〉이다. 또 광주 5·18 민주화운동의 흐름을 시민의 시각에서 그린 영화인 〈화려한 휴가〉가 있다.

광주 5·18 민주화운동은 이후 일어난 민주화운동에 지대한 영향을 미쳤고, 1980년대에는 학생운동이 더욱 활기를 띠었다.

일본판 영화 〈택시운전사〉 포스터.

그러나 전두환 정권은 이러한 움직임을 억누르고자 사건을 날조해 학생들을 투옥하고 고문했다. 영화 〈변호인〉은 이렇게 조작된 사건 중 하나인 '부림사건'을 모티브로 학생의 누명을 벗겨주기 위해 고군분투하는 변호사를 그린 작품이다. 이 변호사의 모델이 된 인물은 훗날 대통령이 된 노무현이다.

1987년 6월에는 전국에서 100만 명 이상의 학생과 시민이 참여한 민주화운동(6월 민주항쟁)이 폭발한다. 이 운동은 그해 1월 서울대학교 학생 박종철이 경찰의 물고문으로 사망한 사건이 도화선이 되었다. 이 사건의 진상규명을 촉구하는 시위가 거세지면서 대통령을 직접 뽑을 수 없는 헌법을 철폐하고 독재를 타도하기 위한 민주화운동으로 발전했다. 이 과정에서 연세대학교 학생 이한열이 최루탄을 맞는 사태(이후 사망)까지 벌어지자 학생과 시민의 일체감이 증폭되었고, 마침내 6월 29일 독재정권으로부터 대통령 직접선거제 등의 '민주화 선언'을 끌어냈다. 이러한 6월 민주항쟁에 이르기까지의 일련의 움직임을 담은 영화가 〈1987〉이다. 이 영화는 민주화운동에 관여한 다양한 시민의 저항을 연쇄적으로 담아낸다.

1987년 서울시청 앞에서 벌어진 민주화운동.

이 시절 민주화운동에 참여한 세대는 현재 50대에 이르렀는데(현재 50대로, 1980년대에 민주화운동에 힘쓴 1960년대생이라 '586세대'라고 한다), 민주주의는 그들의 자녀들, 즉 지금 한국의 젊은 세대에도 이어지고 있다. 예를 들면, 2016년부터 2017년에 걸쳐 100만 명이나 되는 시민이 '박근혜 퇴진'을 요구하며 '촛불집회'를 열었다. 이 시위에는 수학여행을 가다 수많은 고등학생이 목숨을 잃은 세월호 참사에 대한 박근혜 정권의 대응 등에 불신이 쌓여 '내가 희생자가 됐어도 이상할 게 없었다'라고 공감한 젊은이가 대거 참여했다고 한다.

지금까지 살펴본 것처럼 한국은 현대사를 거치면서 군사독재정권하에서 수많은 시민이 인권을 유린당했다. 이러한 역사가 있었기에 한국인은 현재도 진정으로 인권을 존중하는 민주주의 사회를 만들기 위해 주체적으로 노력하고 있다.

한국 영화를 보고 나서

한국 영화는 과거에 국가가 자행한 폭력의 책임을 물으면서 역사를 기억하고자 하는 동시에 오락성까지 갖추고 있어 매력적이다. 하지만 남북분단은 일본이 조선을 식민지 지배한 역사에서 파생된 것이고, 한국의 군사독재도 '친일파' 계통의 색채가 짙다. 즉, 일본은 한국의 현대사에서 인권을 유린한 독재정권과 공범으로 책임을 지니고 있어야 한다. 한국의 민주화운동을 그린 영화는 분명 감동적이지만, 단순 소비에 그치지는 않았는지 되새겨 봐야 한다. 일본인은 결코 한국의 현대사를 강 건너 불구경하듯 봐서는 안 된다.

일본인인 줄 알았는데
한국인이었어?

구마노 고에이

'한국인 같은 사람?'

지금까지 일본에 살며 어떤 연예인이나 스포츠 선수가 일본인인 줄 알았는데 사실은 '한국인'이라서 놀란 적이 있는가? 어쩌면 이름은 일본인인데 부모님이 한국인 같았던 친구가 떠오를지도 모른다. 분명 지금까지 알거나 만났던 사람을 차분히 떠올려보면 한두 명쯤은 그런 사람이 있을 것이다.

아무리 생각해도 없는 것 같은 사람도 있겠다. 사실 나도 대학생이 되기 전까지는 주변에 있던 '한국인 같은 사람'의 존재를 눈치채지 못했다. 그러다 선생님 한 분을 만나고 나서야 그들의 존재를 깨달았다. 대학에 들어와 한국어 수업을 들었는데 선생님의 성姓이 아무래도 '한국인' 같았다. 그런데 직접 만나 대화해 보니 일본어가 유창해서 한국인과 일본인 혼혈인가 싶었다. 그 후에 알게 되었지만, 선생님은 재일조선인이었다. 그 선생님을 만나고 나서야 재일조선인에 대해 알게 되었고, 주변에 있던 '한국인 같은 사람'이 실제로는 재일조선인이었을 수도 있겠다고 생각하게 되었다.

이렇듯 일본 사회에서는 재일조선인의 존재가 두드러지지 않는다. 재일조선인이란 어떤 사람들일까?

재일조선인이라고? 왜 일본에 사는 거야?

일단 재일조선인이란 일본이 한반도를 식민지 지배하자 다양한 사정으로 일본에 거주할 수밖에 없었던 조선인과 그 자손을 말한다. 패전 당시 일본에 약 200만 명의 재일조선인이 있었다고 하는데, 2020년 6월 조사한 재류在留외국인 통계에 따르면 국적란에 '한국', '조선'이라고 표시된 인구는 약 46만 명이다. 물론 이 중에는 이른바 뉴커머newcomer*인 한국인도 포함되어 있고, 반대로 일본 국적을 취득한 재일조선인은 포함되어 있지 않으므로 정확한 재일조선인의 인구는 불분명하다.

---

* 주로 1980년대 이후 일본으로 이주한 사람들을 가리킨다.

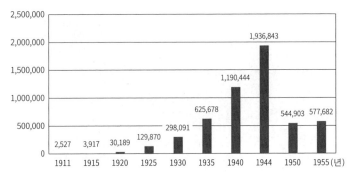

재일조선인의 인구 추이(1911~1955년).

그런데 재일조선인은 왜 일본에 살게 된 것일까? 그 이유를 알기 위해서는 일본의 조선 식민지 지배 역사를 알아볼 필요가 있다.

사실 1910년 '한일병합' 이전에도 노동자나 유학생 신분으로 일본에 건너온 조선인이 있었다. 그러나 그 수가 본격적으로 늘어난 것은 '한일병합' 후의 일이다. 그 배경에는 일본의 식민지 조선에 대한 수탈 정책이 있었다(61~63쪽 참조). 일본의 수탈로 인해 조선 농민은 생활이 궁핍해졌고, 살기 위해 일자리를 찾아 일본으로 건너갔다. 이 시기에는 일본 기업도 저임금 노동자를 원하고 있었기에 1920년대를 지나면서 재일조선인 인구는 약 3만 명에서 약 30만 명까지 급증했다. 1930년대에는 중국, 1940년대에는 미국과 전쟁이 시작되어 일본인 남성은 병사로서 전지에 보내졌기 때문에 일본 내의 노동력이 부족해졌다. 그래서 일본은 조선인을 모집했고, 1939년 이후에는 강제 동원

도쿄 스미다墨田구 요코아미초공원橫網町公園에 있는 관동대학살 조선인 희생자 위령비.

하기 이르렀다(59~61쪽 참조). 이러한 강제 연행으로 재일조선인의 수가 앞서 말한 것처럼 일본 패전 시에는 약 200만 명까지 불어난 것이다.

그런데 일본이 패전한 무렵에는 이미 조선에 있던 생활 기반이 사라진 사람도 많았고, 이후 한반도의 정세 불안이나 남북분단, 귀국 시 반출 허용 재산의 제한과 같은 다양한 사정으로 결국 60만 명가량의 재일조선인은 일본에 정착할 수밖에 없었다.

재일조선인은 일본에 건너와서도 일본인에게 차별을 당했다. 일본의 패전 전에 이뤄진 재일조선인에 대한 차별을 한번 살펴보자.

일례로, 1923년 관동대지진 때는 일본의 군·경찰·민중이 수천 명의 재일조선인을 학살했다. 지진 발생 후 '조선인이 불을 질렀다', '우물에 독을 풀었다'라는 유언비어가 퍼지며 조선인 학살이 시작되었다. 그리고 치안 당국이 그 유언비어를 동의·지지·확산하자 민중은 유언비어를 확신했고 조선인에 대한 학살은 확대되었다.

또, 일본으로 건너온 조선인은 탄광이나 공장 등에서 일했는데 그곳에서는 일본인보다 훨씬 낮은 임금을 받으며 일했다. 노동 환경이나 대우도 처참했으며 일본인의 차별과 폭력이 횡행했다.

재일조선인은 일본의 식민지 지배와 조선인 차별 역사가 만든 존재인 셈이다.

재일조선인을 부르는 표현이 다양하던데?

이 책에서는 지금까지 특별한 설명 없이 재일조선인이라는 용어를 사용했다. 일본에서는 이 용어 대신 '재일한국인'이나 '재일한국·조선인', '재일코리안' 등을 사용하기도 한다.

그렇다면 여기서는 왜 재일조선인이라는 용어를 사용했을까. 그것은 한반도 출신 사람들은 한민족이고, 그 민족 전체를 가리키는 용어로서 역사적으로 '조선'을 사용해 왔기 때문이다('조선'이 '조선민주주의인민공화국', 즉 북한만을 가리킨다고 오해하는 사람도 있지만 그렇지 않다. 남북한을 포함한 명칭이다). 현재 한반도는 분단 상태이지만, 그것을 초월한 용어가 '조선'인 셈이다.

다른 용어는 어떨까. 우선 '재일한국인'은 '일본에 거주하는 한국 국적을 지닌 사람'이라는 의미이다. 이 용어는 한반도가 남북으로 분단된 것을 전제로 한 남한만을 가리킨다. 한국 국적이 아닌 재일조선인이 존재하는 실태를 반영하지 못하므로 재일조선인 전체를 아우르는 용어로 쓰기 적절치 않다. 또 '재일한국·조선인'도 '한국'과 '조선'이라는 두 민족이 존재하는 것이 아닐 뿐더러, 재일조선인을 갈라놓는 호칭이라는 의견이 있다. 그런 점에서 '재일코리안'은 민족 전체를 가리킬 수 있겠지만, '조선'이라는 용어를 피하려고 영어 표현을 사용하는 것이 적절한가에 대한 논의가 있다. 참고로 약칭인 '자이니치在日'를 쓰기도 하는데, 이것도 재일조선인의 역사적 유래를 드러내는 '조선'이 보이지 않기 때문에 적어도 당사자가 아닌 사람이 이 용어를 쓸 때는 신중해야 한다고 생각한다.(당사자가 사용하는 용어를 부정하는 것은 아님을 밝혀둔다.)

재일조선인의 국적은 어떻게 되는 거야?

이렇게 재일조선인을 가리키는 용어가 복잡해진 까닭은 남북분단뿐 아니라 해방 후 재일조선인의 국적 문제까지 얽혀있기 때문이다.

일본은 한반도를 식민지 지배하는 동안 조선인을 일본인과 같은 '황국신민'으로 간주하면서도 조선인만을 대상으로 한 호적제도(조선호적령)로 차별했다. 그리고 패전한 뒤 원래라면 조선인을 해방된 민족으로 대우해야 했지만, 샌프란시스코강화조약을 맺을 때까지 일본 국적을 지닌 '일본인'으로 간주했다. 그러던 일본 정부는 1947년 '외국인등록령'을 제정해 식민지 시기의 호적을 근거로 재일조선인을 "당분간 외국인으로 간주한다(제11조)."라고 했다. 그렇게 재일조선인을 '일본인'으로서 일본 정부의 통치권 범위에 넣는 동시에 외국인등록령에 따라 등록 신청을 하지 않으면 형벌을 가하거나 강제송환을 가능하게 하는 체제로 편입시켰다. 이렇게 모순으로 가득 찬 정책으로 일본 정부는 해방 후에도 재일조선인을 계속 지배했다.

또 이 시기에 일본 정부는 재일조선인이 외국인등록을 할 때 국적란에 편의상 한반도 출신자를 표현하는 기호로 '조선'을 기재하게 했다(이를 '조선적'이라고 한다). 일본 정부는 재일조선인 국적란에 '조선'이라고 기록해 놓고 국적은 일본 국적이라는 입장을 견지했다.

1948년 대한민국과 조선민주주의인민공화국이 수립된 뒤 1950년에는 외국인등록 국적란에 '조선' 이외에 '한국' 또는 '대한민국'이라고 기재할 수 있게 되었는데, 이것은 단순히 표기상의 변화로 이때까지 재일조선인의 국적은 일본이었다.

1952년 샌프란시스코강화조약이 발효하자 조약 본문에 적혀

오사카의 코리아타운.

있지 않았는데도 재일조선인은 일방적으로 일본 국적을 '상실'
하게 된다. 애초에 재일조선인의 국적 문제에 대해서는 예전부
터 한일 간 논의가 이루어졌는데, 강화조약 발효 후에 재일조선
인의 국적은 일률적으로 한국 국적이 될 것으로 예상했다.

하지만 대다수 재일조선인은 미국의 강한 영향력 아래에서
만들어진 한국 정부를 지지하지 않거나, 남북으로 분단된 두 정
부 중 하나를 선택하기도 어려워한 탓에 '국적 선택의 자유'를
호소하는 이들도 많았다. 게다가 한일 회담은 청구권 문제로 난
항을 겪고 있었고, 재일조선인의 국적 문제를 합의하는 논의는
제자리걸음이었다. 이런 연유로 강화조약 발효 후 재일조선인

은 국적이 불분명한 상태에 놓였다. 이때 일본 정부는 유엔이 한국을 승인한 것, 한국전쟁(122~126쪽 참조)에서 일본이 한미와 협력관계에 있는 것을 근거로 이 문제에 대해서는 한국 정부를 지지하는 입장이라고 밝혔다. 그리고 한국의 국내법에 준하여 재일조선인은 한국 국적이라는 해석을 받아들였다.

한편 일본 정부가 재일조선인의 '국적 선택의 자유'를 인정하지 않는다는 비판이 일자, 기호로서의 '조선적(국적란에 '조선' 기재)'은 남겨두게 되었다. 다만 여기서도 일본 정부는 '조선적'을 북한의 국적으로 간주하지 않는다. 그리고 한국 국적을 거부하는 '조선적'자는 한국전쟁의 대립 관계로부터 일본과 한국을 적대시하는 자로 인식하게 되었다. 그 후로도 지금까지 일본과 북한 사이에는 국교가 단절되어 있기 때문에 일본 정부는 '조선적'을 기호에 불과한 것으로 보고 국적으로 인정하지 않고 있다.

1965년 한일기본조약韓日基本條約 이후에는 한국 국적을 취득한 재일조선인도 늘어났다. 하지만 그것은 일본 정부가 '조선적'인 자의 국적을 부인하고 한국 국적자는 우대하는 조치를 취하는 한편 '조선적'자의 다양한 권리를 침해했기 때문이다. 이런 상황 속에서도 조선의 통일을 바라거나 북한을 지지하는 등 다양한 이유로 '조선적'을 유지하는 사람도 있었다.

하지만 애초에 국제법의 일반원칙에 따르면 재일조선인의 국적은 대한민국과 북한의 국내법과 재일조선인 본인의 의사에 따라 결정될 사항이다. 즉 일본 정부가 재일조선인의 국적을 결정할 권한은 처음부터 없다. 주체적으로 국적을 선택하고 유지할 자유가 재일조선인 고유의 권리라는 사실이 일본 사회에 공유되지 않는다는 의미일 것이다. 이렇게 재일조선인을 가리키는 용어와 국적만 봐도 재일조선인을 둘러싼 복잡한 역사를 알수 있다.

전후 일본은 평화 국가?

구마노 고에이

패전 이전에는 일본이 잘못한 부분이 있지만, 전후에는 일본이 평화로운 민주주의 국가로 거듭났다고 생각하는 사람이 많을 것이다. 그렇다면 재일조선인에게 전후 일본은 어떤 나라라고 할 수 있을까.

일단 일본은 제2차 세계대전 이전부터 계속해서 인권 보장 대상에서 재일조선인을 배제해 왔다. 이를테면, 일본 정부는 일본국헌법에서 기본적 인권 등의 각종 권리를 일본 국적 보유자에 한정했다. 따라서 전후 일본 국적을 '상실'한 재일조선인에게는 교육받을 권리가 없다. 공무원이 될 권리도 제한적이다. 공영주택 입주, 국민건강보험이나 국민연금 가입 등은 재일조선인의 끈질긴 운동으로 가능해졌지만, 오랜 기간 인정받지 못했다.

참고로 참정권은 제2차 세계대전 이전 일본에 거주하는 식민지 출신자(남성)에게는 인정되었지만, 전후에는 재일조선인의 참정권이 정지되었고 현재도 인정되지 않고 있다. 그 배경에는 재일조선인의 참정권을 인정하면 '천황제' 폐지를 주장할지도 모른다는 일본 정부 관계자의 우려가 깔려있었다. 민주주의를 외친 전후 일본에서 사회의 일원인 재일조선인의 참정권은 인정하지 않은 채 '천황제' 수호가 우선된 것이다.

재일조선인은 전후에도 직업·취직 차별, 외국인등록 시 지문날인제도 외에도 수많은 편견과 차별을 경험해 왔다. 1970년경부터 재일조선인의 직업·취직 차별 반대 운동이 확산되었다. 일례로 히타치제작소日立製作所에 취업 예정이던 재일조선인이 외국인이라는 이유로 채용이 취소된 '히타치 취직차별사건'은 1974년, 4년에 걸친 재판 끝에 재일조선인 측의 승소로 마무리되었다. 이렇게 꾸준한 차별 반대 운동으로 지금도 제한적이기는 하나 재일조선인의 직업·취직 차별은 개선되고 있다. 또 강제로 지문을 채취해 관리하는 지문날인제도에 대해서는 1980년대에 범죄자 취급이라는 비판이 높아져 1993년에 폐지되었다.

그러나 재일조선인이 운영하는 민족학교인 조선학교는 지금도 일본 정부와 일본 사회로부터 탄압과 차별을 당하고 있다. 조선학교는 원래 일본으로부터 해방된 뒤 본국으로 돌아갈 준비 차원에서 조선어를 가르치는 국어강습소에서 시작되었다. 그 후 본국으로 귀국하기 어려워진 상황에서, 일본에서 나고 자란 다음 세대의 재일조선인에게 식민지 지배로 빼앗긴 조선의 말과 문화, 역사 등을 가르치는 조선학교로 발전해 갔다. 하지만 냉전체제의 동서 대립과 남북분단의 영향으로, 일본 정부와 연합군 최고사령부GHQ는 재일조선인을 위험시하고, 조선학교를 강제 폐쇄하는 등 탄압을 가하기 시작했다. 이러한 탄압에 반대해 오사카와 고베를 중심으로 한 한신阪神 지역에서는 1948년 한신교육투쟁이 전개되었다. 이 운동 과정에서 당시 16세인 김태일 소년이 경찰이 쏜 총에 맞아 사망하는 사건까지 벌어졌다.

1960~70년대에는 고쿠시칸国士館고등학교·대학교의 학생들을 중심으로 한 극우조직의 차별 선동 영향을 받아 조선학교의 주로 남자 고등학생에 대한 집단폭행·린치 사건이 빈번하게 발생했다. 그중에는 살인에 이른 사례도 있었다. 또 1990년대에는 '치마 저고리 찢기 사건' 등 조선학교에 다니는 여학생들에 대한 공격도 빈번해졌다. 그 후로도 지금까지 조선학교는 '재특회在特会'* 등 차별 단체의 혐한 시위에 시달리고 있다. 일본 국회의원과 정부, 대중매체에 의한 '북한 때리기'도 조선학교와 재일조선인에 대한 폭력을 조장해 왔다.

* 재일조선인의 권리를 용납하지 않는 시민 모임.

조선학교는 항의운동을 통해 다시 지방자치단체의 보조금 등을 받게 되었지만, 최근 몇 년간 보조금 지급 중단뿐 아니라 '고교 무상화', '유아 교육·보육 무상화' 제도에서 배제되는 차별도 받았다. 코로나 시국에는 사이타마さいたま시에서 코로나19 예방용 마스크를 무료 배포하면서 조선학교 유치부는 대상에서 제외하거나(이후 배포함), 일본 정부가 코로나로 어려움을 겪는 학생에게 주는 '긴급 급부금 제도'에서 조선대학교를 제외하기도 했다. 조선학교에 대한 지원이 충분하지 않은 탓에 교육비 부담으로 힘들어하는 재일조선인 가정도 적지 않다. 그래서 현재 조선학교에 다니는 재일조선인은 소수이고, 대다수 학생은 일본학교에 다니고 있으며 조선어를 쓰지 못하는 사람도 있다. 일상생활에서도 차별받지 않기 위해 일본식 이름인 '통칭명通称名'*을 사용하는 사람도 다수 있다. 일본은 전후에도 재일조선인에게 '황민화'를 강요하고 있는 셈이다.

공권력을 쥐고 있는 일본 정치가도 재일조선인을 차별한다. 일례로 2000년 당시 이시하라 신타로石原慎太郎 도쿄도지사는, 재해가 발생하면 '삼국인三国人'**이 소동을 일으킬 가능성이 있으니 자위대가 치안 유지를 해야 한다는 취지의 발언을 했다. 또 1973년 이후 매년 역대 도쿄도지사가 관동대지진 당시에 자행된 조선인 학살(136~137쪽 참조) 희생자에 대한 추도문을 보냈

---

* 재일조선인이 사용하는 일본식 이름.
** 패전 후부터 1950년대에 걸쳐 사용된 조선인·대만인을 가리키는 차별용어.

가와사키역川崎駅 앞에서 일어난 혐한 시위.

는데, 고이케 유리코小池百合子 현 도쿄도지사는 2017년부터 이를 계속 거부해 왔다. 요즘도 지진이 일어나면 인터넷상에서 조선인에 대한 차별 발언이 줄을 잇는데, 이는 차별을 막지 않는 공권력의 태도와 관련이 있다고 할 수 있다. 재일조선인은 관동대지진이 일어난 지 100년이 다 되어가는 지금도 일본 정부와 일본인에게 동시에 차별을 당하고 있는 셈이다.

1995년에는 일본도 '인종차별철폐협약'에 가입했다. 하지만 이 협약의 의무사항인 포괄적차별금지법은 아직도 제정되지 않아 협약 위반 상태에 있다.

이러한 재일조선인에 대한 차별에 대해 일본 사회에서는 '일본이 그렇게 싫으면 조국으로 돌아가면 된다', '일본 국적을 취득하면 될 일 아닌가?', '일본인을 납치하고, 미사일을 쏘는 북한을 지지한다면 차별받아도 어쩔 수 없다'와 같은 목소리가 난

재일조선인 차별 문구를 공식 홈페이지에 게재한 DHC 본사 앞에서 일어난 항의집회.

무한다. 하지만 이러한 생각에는 몇 가지 문제점이 있다.

　우선 일본이 조선을 식민지 지배한 결과 한반도가 남북으로 갈라진 데다, 현재 일본에 생활 기반이 있는 재일조선인이 조국으로 귀국하기는 매우 어렵다는 사실을 알아야 한다. 일본 국적을 취득하려고 해도 애초에 '귀화'는 법무대신의 허가가 필요할 뿐만 아니라 절차가 까다롭다는 문제가 있다. 또 '귀화'가 역사적으로 '문명국에 복종'한다는 의미를 내포하고 있고 일본에 '동화'되기를 요구하는 제도라는 점이나 국적 선택이 정체성과 관련이 깊다는 점을 봐도 국적을 변경한다는 것은 쉬운 일이 아니다(개개인의 정체성은 다양하고, 타인이 대변할 수 있는 성질의 것이 아니다). 나아가 재일조선인에게 '귀화'를 요구하는 태도는 재일

1953년 한국전쟁 휴전협정이 체결된 판문점.

조선인의 국적 선택에 대한 자기결정권을 억압하는 상황을 모른 척하는 것이다. 이는 동시에 일본 국적이 아닌 재일조선인은 차별받아도 어쩔 수 없다는 논리로도 이어진다. 납치 문제나 미사일 발사 문제는 재일조선인을 차별하고 식민지 지배 역사를 상쇄해도 될만한 이유가 되지 않는다. 앞서 서술한 것처럼 일본 정부와 사회는 납치 문제가 드러나기 전부터 조선학교를 탄압하고 차별했으나, 현재는 조선학교 배제를 정당화하는 도구로 납치 문제를 이용하고 있다. 애초에 재일조선인이 어느 국가와 정부를 지지하는지는 재일조선인 고유의 권리이고, 일본인이 그것을 제한할 권한은 없다.

한편 '재일조선인은 현재 일본인과 별 차이 없이 생활하고 있

평양의 중심부.

으니 재일조선인의 권리를 지키자'라는, 재일조선인을 지지하는 듯한 의견도 있다. 하지만 이 말을 뒤집으면 재일조선인의 권리는 그들의 생활과 사고방식이 일본인과 같을 때만 지켜져야 한다는 뜻이 된다. 조건을 내건다는 점에서 이 의견은 있는 그대로의 재일조선인을 인정하는 것이 아니다. 이렇게 재일조선인을 지지하는 사람 중에도 무의식중에 자신이 재일조선인을 판단할 수 있는 자리에 있다고 생각하는 식민주의가 깔려있는 경우도 있다.

재일조선인의 시각에서 전후 상황을 보면 일본은 평화국가도 민주주의국가도 아니다. 일본이 전후에 한국전쟁(122~126쪽 참조)을 비롯한 전쟁에 가담해 경제를 발전시켜 온 역사가 있으니

더 말할 것도 없다. 이제는 일본을 이루고 있는 한 사람 한 사람이 내면화된 식민주의를 되돌아봄과 동시에 차별을 멈추고, 일본 정부에 차별제도를 바꿔달라 요구해야 할 때가 아닐까.

한국하고만 역사 문제가
있는 거 아니야?

일본의 식민지 지배와 침략 전쟁의 역사는 한일관계에 국한된 문제가 아니다. 중국을 비롯한 일본의 침략을 받은 여러 아시아 국가에서도 다뤄지는 문제이다. 그리고 지금까지 일본과 국교가 정상화되지 않은 북한과도 식민지 지배 역사는 중대한 문제이다. 북한은 지금까지 이야기했듯 남한과 한민족이며 하나의 국가였다. 일본 사회에서 북한과의 관계는 공개적인 자리에서 다뤄지는 경우가 드물다는 생각에 이야기를 나눠보았다.(2020년 11월 24일에 열린 좌담회 기록의 일부를 가필·수정했다.)

구마노　일본의 식민지 지배나 '위안부' 문제라고 하면 한국과 일본 사이의 문제라고 생각하기 쉬워. 이 책에서도 한국과 일본의 관계를 중점적으로 다루지만, 일본은 한국뿐 아니라 한반도 전체를 지배했어. 그전(1895년)에는 대만도 식민지로 삼았어. 일본이 한반도 전체를 식민지 지배해서 피해를 주었고, 그것이 토대가 되어 미국과 소련에 의해 남북한은 분단되었어. 그러니까 분단체제에 대해서도 일본의 책임이 있다고 생각해. 지금 국교가 정상화되지 않았는데 일본은 북한에 대해서도 마찬가지로 책임이 있어. 자기소개 할 때 보통 너무 귀찮아서 "한일관계를 공부합니다."라고 말할 때가 있는데, 조선사 혹은 한반도와 일본의 역사라고 해야 하나 싶기도 해.

우시키 일본이 북한과의 관계에서 납치 문제나 핵 문제를 보고 '저 나라는 인권이고 뭐고 없는 나라잖아'라고 무시하는 경향과 한국에 대해 '반일'이라고 하는 건 같은 뿌리에서 나온 것 같아. 북한에 대해서는 납치된 사람들의 인권과 관련해 반발하는 일본인이 엄청 많은 것 같아. 거기서 다시 한번 생각해봐야 하는 건 납치 문제가 한반도의 '분단 상황', 즉 '전시 상태', '혼란스러운 상황'에서 벌어졌다는 거지. 한반도에 '혼란'을 가져온 게 누구일까? 최초의 원인을 따져 올라가면 근대 일본의 조선 침략과 식민지 지배야. 게다가 전후에도 일본은 미국과 함께 북한에 적대 정책을 펼쳐왔어. 일본은 '전후'를 '평화'라고 생각할지도 모르지만, 한반도 입장에서 보면 그렇지 않은 거지. 한반도의 '전시 상태'가 끝나야 진정한 평화가 찾아오고, 그 과정에서 납치 문제 등도 해결의 실마리를 찾을 수 있지 않을까. 일본은 한반도의 '전시 상태'를 만들고 '대립'을 격렬하게 만든 장본인이야. 그러니까 식민지 지배에 대해 사죄하고 배상한 뒤에 북한과의 국교를 회복시킴으로써 책임을 져야 한다고 생각해.

아사쿠라 북한이라고 하면 매체에서도 일본이 한반도에 압박을 가한 역사적 경위는 무시하고 핵이나 납치 문제만 보도해. 좁은 시각으로밖에 보지 않으면서, 그게 마치 전부인 양 이야기하는 건 아주 위험하다고 생각해. 납치 문제가 있다고 식민지 지배 문제가 없던 일이 되는 건 아니니까. 서경식 저자가 말한 것처럼 북한의 납치 문제와 일본의 타민족을 억압하고 착취한 '제도'로서의 식민지 지배는 질적으로 다른데, 그 두 가지를 저울질해서는 안 돼(《저울질해서는 안 된다: 한일 문제를 생각하는 좌표축秤にかけてはならない—日朝問題を考える座標軸》). 지금의 스가 요시히데菅義偉 내각이 되었을 때도 신문에 '납치 문제 해결에 주력하겠다'라는 내용의 기사가 실렸는데, 그 부분에만 집중해서는 해결이 안 될 것 같아. 매체의 보도 행태에도 문제가 있어.

이상진 일본인에게 한국어를 가르쳐주는 아르바이트를 할 때 교과서에 북한 지원의 찬반을 따지는 주제가 나왔어. 반대하는 쪽의 근거는 납치 문제였지. 그걸 보고 내가 생각한 건, 일본은 불완전하긴 해도 한국과는 한일협정을 맺고 경제협력 등을 해왔지만, 북한과는 아무것도 하지 않았잖아. 시대 흐름으로 보면 식민지 지배 문제가 먼저이고, 그 뒤에 납치 문제 해결이 나와야 하는 것 아닐까. 물론 납치 문제는 중차대한 문제니까 동시에 해결해 나가는 것도 좋다고 생각해.

구마노 특히 북한에 관해서는 그곳에 사는 사람의 얼굴이 보이지 않는 것도 한몫한다고 봐. 그리고 일본은 그대로 있으면서 북한을 변화시키려고 하는데, 나부터 바뀌어야 하는 것 아닐까. 그러니까 식민지 지배 문제를 먼저 직시해야 한다는 거야. 분단체제도 일본에서는 강 건너 불구경하는 느낌이라 '남북으로 갈라졌다니 안타깝다' 정도로 생각해. 여기에 부수적으로 '한국인은 군대에 가야 하니까 안됐다'라고 말하는데, 완전히 남의 일로 보는 거지. 근본적으로는 일본이 한반도를 지배한 이후에 분단체제가 되었다는 역사를 잊고 있는 거야. 그러니까 한국인 친구나 케이팝 아이돌이 군대에 간다는 이야기가 남의 일로만 보이는 거지. 그런데 사실 전혀 남의 일이 아니야. 따지고 보면 일본의 책임이지. 일본이 그렇게 만들었고, 지금도 그렇게 만들고 있다는 감각을 먼저 가져야 해. 분단체제는 남북한만의 문제가 아니라 일본이 깊이 관여되어 있는 문제라는 인식이 필요해.

애초에 일본이 북한도 식민지 지배했다는 사실은 잘 인지하지 못하는 것 같아. 나는 "한반도와 일본의 역사를 연구한다."라고 말할 때가 많은데, 그럼 상대방이 바로 한국(남한) 이야기만 꺼내거든. 북한도 포함해서 연구한다고 하면 북한도 하느냐며 완전히 별개의 일처럼 반문해. 그럴 때면 역시 한반도 전체를 아우르는 시각이 결핍되어 있다는 것을 느껴.

4장

'사실은 알지만⋯⋯', 여전히 혼란스러운

한일 '대립'의 배경과 일본의 식민지 지배가 일으킨 문제에 대해서는 이해했지만 그 문제를 어떻게 마주해야 할지 갈피를 못 잡는 경우도 많을 것이다. 실제로 이 책을 만든 우리도 그랬다. 그래서 이번 장에서는 우리와 우리의 친구, 지인의 경험을 소개하면서 문제를 마주하는 자세에 대해 생각해 보려고 한다.

케이팝을 좋아한다고 비판하는데,
어떻게 받아들여야 해?

아사쿠라 기미카

한국과 관련된 이야기를 하면 부모님과 싸우게 된다?

일본인이 한국 문화를 좋아한다거나 한일관계를 공부한다고 하면, 부모님과 의견이 맞지 않아 싸움으로 번진다거나 부모님이 '반일'이 아닌가 의심하며 반대했다는 일화를 자주 듣는다. 그렇다면 왜 이렇게 일본은 부모 세대와 역사 인식에서 차이가 나는 걸까. 물론 역사 인식의 차이를 세대별로 딱 잘라 구분 지을 수는 없다. 부모 세대와 젊은이의 역사 인식은 다양하지만, 여기서는 실제로 부모 세대와의 사이에서 답답함을 느낀 적이 있는 일본인 친구들의 이야기를 들으면서 생각해 보는 시간을 가졌으면 좋겠다.

한국은 '뒤처진 나라'다?

한국에 무슨 일이 일어나면 "역시 한국인이 그렇지." 하면서 사건과 민족성을 결부시켜 생각하는 어른들이 있다고 이야기해준 사람이 있다. 이러한 언행의 문제점은 특별한 근거 없이 한국을 '뒤처진 나라' 취급한다는 점이다.

일본은 조선을 식민지 지배했던 시대에도 흔히 조선을 '야만적이고 미개한 나라'라고 말했다. "조선은 뒤처져 있어서 스스로 발전할 수 없다. 일본이 지배해서 도와주는 것이다."라는 주장을 내뱉으며 조선 지배를 정당화한 것이다. 어떻게 보면 일본은 전후에도 계속 그런 주장을 펼쳐왔다고 할 수 있다.

또 다른 일화를 들어보자. 한국에서는 2017년 당시 박근혜 대통령이 부정부패 의혹 등으로 국민의 공분을 사 탄핵되었는데, 이 일에 대해 한 일본인 지인의 부모님은 "한국은 대통령을 다 끌어내리는 나라구나." 하며 비웃었다고 한다. 마치 한국을 법치국가가 아닌 '후진국'으로 보는 듯한 말투였다고 한다.

박근혜 전 대통령의 퇴진을 요구한 '촛불집회'에는 100만 명이 넘는 시민이 참여했다(131쪽 참조). '뒤처진 나라'에서는 절대 볼 수 없는 광경이다. 오히려 한국에서 민주주의가 제대로 작동하고 있다는 증거라고 할 수 있다.

한국은 1987년 민주화를 이루기 전까지 군사정권이 지배했다. '그 옛날 군사정권과 같은 폭정으로 되돌아가면 안 된다'라

박근혜 대통령의 퇴진을 요구하는 서울 청계광장의 촛불집회.

는 역사를 통한 반성이 있었기에 '촛불집회'가 널리 퍼졌을 것이다. 한국인 한 사람 한 사람에게 '한국의 정치와 사회를 구성하고 만들어나가는 것은 우리'라는 주인의식이 퍼져있다고 볼 수 있다. 한국은 이러한 민주주의, 정치, 사회에 대한 인식이 절대 뒤처져 있다고 볼 수 없다.

애초에 한국의 군사정권은 일본 식민지 지배의 영향을 받았다고 보는 의견이 일반적이다(126쪽 및 128~129쪽 참조). 예컨대 박근혜 전 대통령의 아버지인 박정희 전 대통령이 일본의 육군사관학교 출신이라는 사실은 널리 알려져 있다. 이처럼 일본의 지배에 협조한 '친일파'라고 불리는 사람들이 한국의 군사정권을 맡았는데, 그들은 일본의 지배하에서 체득한 비민주적 통치

방법으로 한국 민중을 억압했다.

위에서 본 바와 같이 한국의 군사정권은 일본의 식민지 지배와 절대 무관하지 않다. 하지만 많은 일본인이 그 관계는 모른 채 한국은 민주화가 진전되지 않은 '뒤처진 나라'라고 이야기하는 분위기이다.

한국은 성차별이 심하다?

한국에서 성폭력 사건이 발생하면, 한국이 후진국이라는 주장이 일본 SNS와 TV에 자주 등장한다. 그 근저에는 '한국에 여성 멸시 풍조가 만연하다'라는 인식이 있는 것 같다. 그런데 이 문제를 다룰 때는 다음 두 가지 점을 떠올려봐야 한다.

하나는 일본의 식민지 지배가 조선의 성차별을 강화했다는 점이다. 분명 일본의 식민지가 되기 전 조선왕조 시대에도 성차별은 있었다. 다만 지역이나 신분, 계층에 따라 여성이 처한 상황은 다양했다. 지역에 따라서는 여성의 재혼을 인정하거나 재산 상속이 가능한 곳이 있었다는 것을 보면 여성의 지위가 꼭 낮았다고만은 할 수 없다. 이러한 상황에서 조선총독부는 1912년 '조선민사령朝鮮民事令'*을 시행했다. 1921년 개정된 조선

---

* 조선총독부에서 만든 식민지 당시 민법.

민사령에서는 구민법舊民法*의 영향이 확대되었다. 예를 들어, 조선에 없었던 여성의 재혼 금지 기간이라든지 여성의 가독상속家督相続**을 부정하는 규정 등이 생겼다. 이는 구민법에 상응하는 형태로, 조선의 혼인과 상속에 관한 기존의 관습을 왜곡하고 부정한 것이다. 또, 민사령에 적용된 조선의 관습은 비교적 여성의 권리를 인정하던 지방이나 서민의 관습이 아니라 지배계층의 관습이었다. 기존에 조선시대의 여성이 처한 상황은 지역이나 계층 등에 따라 다양했는데, 일본이 식민지 지배하면서 그것을 일률적으로 부정하고 조선에 성차별적인 여성관을 획일적으로 주입한 것이다.

일본의 수탈 정책으로 조선인은 절대적으로 빈곤해졌는데, 그 과정에서 크게 영향을 받은 쪽은 여성이었다. 빈곤으로 인신매매가 확대되었고, 여성들은 일본이 조선에 들여온 공창제도公娼制度에 편입되어 갔다. 공창제도란, 국가가 인정하는 '성매매' 제도로, 여성의 인권을 유린하고 자유를 박탈했다는 점에서 그 본질은 성노예제와 같다. 이 공창제도는 애초에 조선에는 없던 제도였다.

1945년 해방 직후 한 조선인 남성은 "일제가 이 땅에 남긴 여성과 관련한 폐단은 두 가지이다. 하나는 공창제도이고, 다른

---

* 1912년부터 1959년까지 우리나라에서 사용되었던 일본의 민법.
** 호주의 사망 등으로 호주권이 상실될 경우 호주 상속인이 법률상 지위를 이어받는 신분 상속.

하나는 그들(일본인)의 봉건적인 여성 노예관을 유지·연장한 것이다."라고 주장했다. 식민지 지배가 조선인 여성에 미친 영향을 단적으로 보여주는 주장이라고 할 수 있다.

'뒤처진 나라'라는 주장에 대해 또 하나 생각해 봐야 할 지점은 현재 한국에서는 성차별을 뛰어넘으려고 하는 움직임이 있다는 것이다. 한국에도 성차별은 존재하고, 여성을 멸시하는 사람도 있을 것이다. 하지만 한국에서는 '페미니즘'이 영향력을 확장하고 있다. 사회에서 성차별 문제를 적극적으로 다루고, 문제를 개선하려고 하는 큰 파도가 일고 있다(175~180쪽 참조). 페미니즘을 둘러싼 상황이 일본과는 적잖이 다른 모양새이다. 일본에는 한국인의 성차별 의식이 낮다고 생각하는 사람이 적지 않은데, 세계경제포럼(다보스포럼)이 매년 발표하는 성 격차지수Gender Gap Index의 2021년 결과를 보면, 전 세계 156개국 중 한국이 102위, 일본이 120위이다. 이 같은 사실이 일본에 보편적으로 퍼지지 않았기 때문에 '한국은 성차별이 심한 나라'라는 발상이 나오는 것 아닐까.

한국은 '반일'?

'한국은 반일이고, 반일을 교육한다'라는 말을 일본인으로부터 종종 듣는다. 한일관계사를 공부하는 많은 일본인이 부모님과 친구로부터 '반일' 아니냐는 걱정 섞인 잔소리부터 그만 공부하라고 만류하는 소리까지 듣는다고 한다. 또, 부모님이 한국을 주제로 한 스터디 투어나 합숙에 참가하는 것을 반대한 적이 있다고도 한다. 실제 경험담을 듣고 한번 생각해 보자.

어떤 이가 친구에게 한국으로 유학 갈 예정이라고 이야기하자 "일본인이 한국에 가면 위험하지 않냐."라고 되물었다고 한다. 한국인은 전부 '반일'이니까 일본인에게 위해를 가하지 않겠냐는 뜻이다. 이는 '반일'을 한국인이 일본 또는 일본인을 전부 다 반대한다는 의미로 받아들이기 때문에 생긴 편견이라고 생각한다. 하지만 한국에서 외치는 반일은 일본 정부가 지금까지 과거를 제대로 직시하지 않고 사죄와 배상을 하지 않은 것에 대한 반발이지, 모든 일본인과 일본 자체를 적대시하는 것이 아니다.

이러한 일본인의 잘못된 인식은 한국이 외치는 '노재팬NO JAPAN' 혹은 일본 제품 불매운동에 대한 반응에서도 확인할 수 있다. 이러한 운동은 일본이 과거에 저지른 가해 그리고 전후에 반성과 배상을 하지 않은 것에 대한 비판에서 촉발된 것인데, 일본 사회는 이러한 맥락을 제대로 이해하지 못하고 있다. 어느 재한일본인은 일본에 귀국하자 친척이 "지금 한국인에게 기념품 사다 주면 안 돼! 버릴지도 모르니까 말이야."라고 웃으면서 말했다는 일화를 들려주었다. 또, 그는 다른 재한일본인의 자녀가 SNS에 'NO JAPAN' 스티커가 붙여진 차 사진을 찍어 "일본인이라고 해코지를 당하지는 않을까 두렵다."라는 글을 올린 것을 봤다고 한다. 그들이 문제의 근본 원인을 모르는 것 같아 답답하다고 토로했다.

일본에서는 "한국 대통령이 지지율이 떨어질 때마다 일본을 이용한다."라고 하는 등 한국 정부가 지지율을 올리기 위해 '반일'을 내세우고 있다는 주장도 보인다. 이 또한 한국이 일본을 나쁘게 말하는 이유가 한국에 있다는 발상에서 나온 것이라고 할 수 있다. 역사 문제는 그동안 대통령이 선도해서 해결을 요구해 왔다기보다 시민이 해결을 촉구하며 운동을 주도해 왔다. 그것을 '대통령이 지지율을 높이기 위해'라며 의미를 축소시키는 것은 적절치 않다.

'반일'이라는 단어에서 한국이 무섭다, 해코지를 당할까 두렵다는 이미지를 떠올릴 게 아니라 한국인이 일본의 무엇을 문제 삼고 있는지 우리 스스로 똑바로 바라보고 고민해야 하는 것 아닐까(95~98쪽 및 227~230쪽 참조).

역사 인식의 차이

일본의 역사수정주의 세력은 1990년대 후반 본격적으로 모습을 드러냈고 지금까지 활발히 활동하고 있다. 단순히 세대로 나눌 수는 없지만, 이번에 이야기할 일화를 살펴보면 일본 젊은 세대와 부모 세대 사이의 역사 인식의 차이가 크게 느껴진다. 그 차이가 무엇인지 실제 경험을 들어보자.

초등학생 때 부모님이 아시아태평양전쟁은 서구 열강으로부터 아시아를 해방하기 위한 '대동아전쟁'이었다고 가르쳐줬어요. 그때는 '대동아전쟁이라니 별로 들어본 적이 없는 것 같은데' 하고 살짝 의문이 들면서도 그 의미를 자세히 알지 못했어요. 그런데 대학생이 되어 본격적으로 역사를 공부하고 나니 이러한 발언이 역사수정주의적이고 식민주의적이라는 사실을 알게 되었죠. 나와 부모님 사이에 아시아태평양전쟁에 대한 인식이 크게 다르다는 사실을 체감했습니다.

이 일화를 보면 일본의 전쟁과 식민지 지배에 대해 '아시아를 위해서'라고 정당화했던 전쟁 당시 일본의 주장이 역사수정주의가 대두하면서 다시금 퍼졌고, 부모 세대가 그것을 그대로 이어받았다는 것을 알 수 있다.

이러한 사고의 문제점은 두 가지이다. 첫 번째는 애초에 아시아가 아닌 '일본을 위해서' 벌인 일이었다는 점이다. 전쟁과 식민지 지배는 모두 '아시아를 위해' 진행한 것이 아니라 일본의 영토 확장을 위해, 일본의 이익을 추구하기 위해 시작한 것이었다. 예컨대 1890년 야마가타 아리토모山県有朋 총리는 일본의 국가 정책을 연설하면서, 조선을 '이익선利益線*'이라고 부르고, 일본의 이익을 확보하기 위해 조선을 이용할 것을 설파했다. 또 일본은 조선을 침략하고 식민지로 지배하는 과정에서 조선에 철도를 깔았는데, 이는 전쟁과 지배에 이용하기 위해서였다.

두 번째는 만약 '아시아를 위해서' 했다면 타국의 주권을 빼앗아 일본에 반기를 든 수많은 이들을 탄압하고 억지로 동화시켜 강제 동원해도 되는가 하는 점이다. 일본은 '조선을 위해서'라며 조선을 식민지 지배하에 두었지만, 그 과정에서 수많은 조선인이 살해당하고 차별을 당하는 가혹한 삶을 살았다. 이것은 아무리 '조선을 위해서' 시작한 일이었어도 허용될 수 없는 일인데, 애초에 '조선을 위해서' 한 일도 아니었다.

또 일본에서 받았던 교육을 되돌아보면, 일본 정부가 '대동아전쟁'이라고 칭하면서 '아시아의 해방'을 내걸고 전쟁을 벌였다는 내용을 중학생 때 배운 기억이 난다. 하지만 그것이 전쟁을 정당화하기 위한 것이었다는 사실은 고등학생이 되어서야 배웠다.

일본의 젊은 세대와 부모 세대 사이의 역사 인식 차이를 느낀 다음 일화를 들어보자.

제가 초등학생 때 부모님께서는 고바야시 요시노리小林よしのり의 《신 고마니즘 선언新 · ゴーマニズム宣言》을 자주 읽으셨어요. 그

---

* 야마가타 아리토모가 만든 개념으로, 일본의 국방상 안전을 위해서는 주권이 미치는 주권선뿐 아니라 이익선, 즉 조선까지 지배해야 한다는 주장이다.

때는 무슨 만화인지 전혀 몰랐는데, 대학생이 되고 나서 그 만화에 일본군 '위안부' 문제와 아시아태평양전쟁에 관한 역사수정주의적인 내용이 다수 포함되어 있다는 사실을 알았습니다. 그리고 아니나 다를까 제가 대학교에서 한국어를 배운다는 이야기나 요즘 유행하는 케이팝 이야기, 한국으로 유학 가고 싶다고 이야기하면 표정이 살짝 굳으면서 제정신이 아니라고 한소리 하셨어요. 저는 그게 너무 답답했습니다.

일본의 역사수정주의자는 일본의 치부가 될법한 식민지 지배 역사 등을 교과서에 싣는 것을 '자학사관'*이 깔려있기 때문이라고 주장한다. 그런데 일본이 과거에 저지른 '치부'가 될법한 역사를 배우는 것이 과연 '자학적'인 행동일까. 식민지 지배와 전쟁에 관한 내용을 교과서에 싣지 않으면 학생들은 지식을 습득하지 못할 뿐만 아니라 식민지 지배와 전쟁 책임에 대해 생각할 기회조차 얻지 못한다. 그렇게 되면 과거를 통해 배우고 반성해 다시는 같은 잘못을 저지르지 않기를 바라는 피해자의 염원도 그대로 묻혀버릴 것이다. 불편한 역사를 배우는 것은 '자학적'인 행동이 아니다. 오히려 불편한 역사를 배우지 않는 것이야말로 '부끄러운' 일이고, '자신을 깎아내리는' 행위라고 생각한다. 외면하고 싶은 사실까지 직시하고 반성하는 것이야말로

* 스스로를 학대하는 역사관.

우리가 역사를 배우는 의의 아닐까.

햐쿠타 나오키의 주장은 맞는 말이야?

일본의 과거 행적을 정당화하는 햐쿠타 나오키의 소설이 잘 팔려 그 영향력이 확대되고 있는 일본의 현실을, 그리고 필자도 중학생 때 그의 책을 읽어본 적이 있다는 것에 대해서는 1장 '무엇이 진실인지 몰라서'에서도 언급했다. 그의 책을 부모 세대가 추천해 읽은 사람도 있다고 한다.

그렇다면 햐쿠타 나오키의 대표작인 《영원의 제로》는 어떻게 받아들여야 할까. 중학생 때는 크게 의문을 가지지 않았던 작품이었으나 다시 한번 읽어보았다. 이 작품은 특공대에 초점이 맞춰져 있는데, 특공대의 문제성이나 특공대가 고안된 배경, 책임 같은 것은 다루지 않는다. 주인공이 가족을 위해 살아서 돌아가고 싶다고 생각하는 대목은 특공대의 범죄성이나 전쟁 책임 등을 가족애로 덮어버린 것 같았다. 특공대를 다루면서 우리가 파고들어야 할 중요한 문제가 따로 있었던 것은 아닐까.

햐쿠타 나오키의 발언은 일본 사회에서 상당한 주목을 받는다. 그는 난징대학살을 부정하는 한편 도쿄대공습과 원폭 투하에 대해서는 학살이었다고 주장한다. 즉, 일본이 전쟁 중에 저지른 가해에 대해서는 부정하고 일본이 받은 피해만 문제 삼는 것이다.

햐쿠타 나오키는 비소설도 출간했는데, 거기서도 역사에 대해 이야기한다. 이미 1장에서도 언급했지만, 최근에는 역사를 다룬 《일본국기》나 《지금이야말로 한국에게 사과하자: 그리고 '안녕'이라고 말하자》 등의 저서에서 일본의 가해 사실을 왜곡하고 부인했다('한국에게 사과하자'라는 제목은 비꼰 표현으로, 일본의 가해 행위를 사죄한다는 뜻이 아니다). 1923년 관동대지진 때 일본으로 건너온 수천 명의 조선인이 일본의 군대·경찰·민중에 의해 학살되었는데(136~137쪽 참조), 《일본국기》에서는 이를 왜곡해 기술하고 있다. 예를 들어, 지진 직후에 일본에 퍼진 조선인이 폭행과 방화를 저지른다는 유언비어에 대해 햐쿠타 나오키는 실제로 있었던 일이라고 주장한다. 햐쿠타 나오키는 그 근거로 당시 신문에 조선인의 폭동과 범죄를 다룬 기사가 나왔다고 말하는데, 오늘날의 연구에 의하면 그 기사는 대체로 오보였다는 사실이 밝혀졌다. 햐쿠타 나오키는 이렇게 잘못된 사료를 선택하고, 현재까지의 연구 결과를 무시하며 당시의 유언비어를 긍정한다. 조선인이 폭동을 일으켰기 때문에 조선인 학살이 일어났다고 주장하는 셈이다. 학살 책임을 피해자에게 떠넘기려는 의도라고 할 수 있다. 이러한 생각을 하는 사람이 쓴 책이니 《영원의 제로》에서 전쟁 책임을 묻지 않는 것도 어떤 의미에서는 당연할지 모른다.

그러나 햐쿠타 나오키는 일반적으로 일본에서 높은 평가를 받고 있고, 저서도 많이 팔리고 있다. 이러한 상황에 위화감이 든다. 과거의 나처럼 역사적 사실을 잘 모르는 일본인이 그 책을 읽고 잘못된 역사관을 가질까 걱정된다.

일본인인 나 자신의 문제

마지막으로 케이팝을 좋아하는 어느 일본 대학생이 부모 세대와 갈등을 겪고 나서 한일관계를 공부하기 시작했다는 이야기를 들어보자.

저는 고등학교 1학년 때 갑자기 케이팝 팬이 되었는데, 처음에는 그 사실을 부모님께 말할 수 없었어요. 왜냐하면 부모님은 말하자면 혐한파라, 한소리 들을 게 뻔했기 때문이죠. 처음으로 제가 케이팝 아이돌을 좋아한다고 밝혔을 때, 아니나 다를까 화장한 여자 같은 남자가 뭐가 좋냐는 등 한국은 여성을 멸시하는 나라이고 반일이니 위험하다는 식으로 비난하셨어요. 여기서 연타를 가한 건 할머니의 혐오에 가까운 조선인 차별 발언이었습니다. 피폭자로서 평화와 전쟁 피해의 무게를 가장 잘 이해할 줄 알았던 할머니가 조선인을 비하하는 표현을 쓰셨을 때는 적잖이 충격을 받았습니다. 케이팝을 좋아한다는 이유로 가족이 비난할 때마다 상처를 받았는데, 그때마다 "문화와 역사, 정치 문제는 완전히 별개라고요!"라고 받아쳤습니다. 그때는 그게 진심이었고, 그렇게 말하면 부모님도 아무 말씀 없으셨으니까요. 그런데 점점 진짜 별개인가 하는 의문이 들기 시작했어요. 열심히 케이팝 아이돌을 응원하면서 결국 한국인인 그들의 역사나 신념은 아무것도 모르고, 오히려 한일간의 부정적 뉴스를 필사적으로 피해 다니는 저의 모순에 위화감을 느꼈습니다. 그것이 제가 대학에서 한일관계를 배우게 된 동기가 되었죠. 지금은 TV 뉴스에 한일 역사 문제가 나오면 부모님께 설명해 드리기도 하고 토론을 벌이기도 합니다. 물론 전 여전히 케이팝 팬입니다.

이 이야기를 통해 일본의 젊은 세대와 윗세대의 갈등을 찾아낼 수 있는데, 실제로 문화와 정치를 분리해서 다뤄도 괜찮은지 한번 검토해 보자. 현재는 수많은 젊은이가 한국 문화를 친근하게 받아들인다. 그런데 한국 문화에 친숙해지면 한일관계가 원만해지고 자동으로 피해자를 구제할 수 있는 걸까. 과연 나는 한국을 좋아하니까 혐한이 아니고, 정치나 역사는 제쳐놓고 사이만 좋아지면 괜찮다는 생각으로 문제의 본질을 바라볼 수 있을까. 문제는 일본 정부가 지금까지 식민지 지배 책임을 외면하며 피해자를 구제하지 않아서 생긴 것으로, 문화를 즐기는 것만으로 양국 관계를 변화시키기에는 한계가 있다 (215~220쪽 참조).

지금까지 일본의 젊은 세대와 윗세대의 갈등을 이야기했는데, 꼭 윗세대와만 갈등을 빚는 것은 아니다. 친구 사이에서, 재한일본인 사이에서 위화감을 느끼는 젊은이도 있다. 이 책을 읽는 이가 청년층이든 중장년층이든 나와는 상관없는 이야기로 치부하지 않고, 조선인을 차별하고 한국을 '후진국' 취급하는 발언이나 행동을 한 적은 없었는지 한 번쯤 돌아보면 좋겠다.

일본에 사는 한국인 지인에게 대학교에서 조선사를 배운다고 이야기했을 때 그녀가 했던 말이 지금도 내 가슴 깊이 박혀 있다. 그녀는 "조선인이나 조선에 대한 차별을 일일이 따지면 일본에서 살 수가 없다."라고 말했다. 그 말은 그녀가 일본에서 생활하며 다양한 상황에서 차별을 겪었고 그에 대한 체념 비슷한 것을 느끼고 있음을 알게 해주었다.

그녀는 역사 문제에 무관심하지도 무지하지도 않았다. 오히려 공부를 해봤기 때문에 일본인의 차별적인 태도에 지쳤고, 그 이상 생각하지 않게 된 듯했다.

그와 동시에 한국인인 그녀가 그렇게 생각할 정도로 현재 일본 사회가 차별로 가득 차있다는 것을 깨달았다. 2020년에 전 세계적으로 BLM 운동의 열기가 퍼져나가 일본에서도 운동이 일어났지만, 나는 그때 위화감을 느꼈다. 일본에서 BLM 운동을 외치는 사람 중 일부는 일본에서 일어나고 있는 인종차별은 보이지 않는 듯한, 마치 일본에는 차별이 없다고 여기는 것처럼 느껴졌기 때문이다. 물론 흑인차별은 심각한 문제이며 해소를 위해 노력해야 하는 문제이다. 하지만 그와 동시에 일본에서 일

어나고 있는 차별, 특히 재일조선인이나 한국인에 대한 차별에
도 눈을 돌려야 하는 건 아닐까.

그래서 이 책을 읽는 일본인인 당신은 먼저 '나'의 문제로서
한반도와 조선인 차별 문제를 생각해 보기를 바란다. 이 문제는
과거나 타인의 문제가 아니며 현재 그리고 일본 사회를 살아가
는 당신의 문제이기도 하니까.

《82년생 김지영》

아사쿠라 기미카

여러분은 조남주 작가의 《82년생 김지영》을 읽어보았는가? 이 책은 2016년 한국에서 출간되어 100만 부 넘게 팔리며 베스트셀러에 올랐고, 일본에서도 2018년에 번역 출간되어 13만 부 (현재는 23만 부) 넘게 팔리며 히트를 쳤다. 제목의 '김지영'은 1982년 한국에서 태어난 여성들이 많이 사용한 이름으로, 이야기는 정신과 의사가 김지영을 진찰하고 쓴 리포트 형식으로 진행된다. 김지영은 30세에 결혼, 32세에 출산, 2015년에 33세가 된 평범한 여성인데, 어느 날 그녀는 엄마와 대학 선배의 인격이 빙의된 것처럼 행동한다. 갑자기 그런 행동을 하게 된 이유가 무엇인지 그녀의 반생을 돌아보면서 여성으로서 살아가는 인생의 고단함을 드러낸 작품이다.

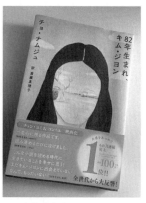

《82년생 김지영》.

이 책이 이렇게 히트 친 이유는 무엇일까. 지금까지 억압되어 살아온 여성들이 '나의 이야기'라며 공감했기 때문 아닐까. 김지영의 이야기는 현실 사회에서도 흔히 일어나는 일들이다. 예컨대 초등학생 시절 선생님께 남자아이의 괴롭힘을 알리자 호감이 있어서 그런 것이라며 타이른다거나, 결혼 및 출산으로 일을 그만둔다며 여성에게 장기적으로 큰일을 맡기지 않는 것 등이 그렇다. 그래서 수많은 여성이 주인공의 인생에 자신을 투영하며 지지했을 것이다.

한국에서 페미니즘이 대두된 배경도 고려해 볼 수 있다. 2016년 5월 서울 강남역 부근의 공중화장실에서 젊은 여성이 일면식도 없는 남자에게 살해당한 '강남역 살인사건'이 발생한다. 범인은 "평소 여성들에게 무시당했다."라며 범행 동기를 진술해, 여성혐오Misogyny에 기인한 살인사건임이 밝혀졌다. 사건 발생 후 강남역 출구는 "당신은 운이 나빴고 나는 운이 좋았을 뿐이었다는 현실에 분노한다.", "다음 생엔 남자로 태어나요."와 같이 피해자를 추모하는 포스트잇으로 도배가 되었다. SNS에는 많은 이들이 '#우연히 살아남았다'라는 해시태그를 달아 글을 올렸다. 이 사건으로 여성혐오에 대한 여성들의 반

강남역 살인사건 현장에서 피해 여성을 추모하는 모습.

발이 크나큰 파도를 이루었고 한국 페미니즘 확산의 기폭제가
되었다.

　이 무렵부터 한국 여성들은 이전과 같이 비판이나 고발이 아
닌 새로운 형태로 운동을 전개한다. 바로 2015년에서 2016년에
걸쳐 일어난 사회 현상 '메갈리아'이다. 2015년에는 '#나는 페
미니스트입니다'라는 페미니스트 선언이 잇따랐다. 페미니스트
들은 온라인 사이트 '메갈리아'를 만들었다. 메갈리아에서는 기
존처럼 혐오에 반대하는 데 그치지 않고 미러링(여성혐오 발언을
거울처럼 반사해 남성에게 그대로 적용하는 방식)을 실시했다. 예를
들어, '김치녀' 등 여성을 비하하는 은어가 많은 것에 대항해 남
성을 '한남충'이라고 부르기 시작했다. 이러한 행동은 세상에 큰

반향을 불러일으켰다.

메갈리아에 대해서는 남성혐오라는 비판도 많다. 페미니스트 사이에서도 혐오가 혐오를 낳을 것을 우려하는 목소리가 적지 않다. 과연 이러한 비판과 우려는 적절한 것일까. 이 논점은 차별 반대 운동에 즉각적으로 '역차별'이라는 비판이 튀어나오는 일본 사회에도 공통적으로 적용할 수 있다. 일본 사회는 페미니즘이라는 단어만으로도 왠지 공격적으로 느끼는 사람이 적지 않은 모양새이다. 그러나 메갈리안들이 원한 것은 혐오 양산이 아니다. 남성들은 남성혐오를 비판하기 전에 사회에 만연했던 여성혐오를 비판해야 했다. 그리고 여성들이 그렇게 '과격'한 행동을 할 수밖에 없었던 사회구조에 물음표를 던지는 일은 꼭 필요한 일이었다.

한국 사회에도 여성 차별을 둘러싼 다양한 갈등이 존재하는데, 메갈리아처럼 일본 사회에서는 찾아보기 힘든 적극적인 활동을 전개한 것은 주목할 만하다. 이후로도 메갈리아의 활동에 영향을 받아 디지털 성폭력에 반대하는 '디지털성범죄아웃DSO'이라는 단체가 활동을 시작했다(디지털 성폭력 사이트인 소라넷 폐쇄 운동을 시작으로 5년간의 활동 끝에 2020년 활동을 종료했다).

2018년에 들어서자 여성들의 운동은 '미투(#MeToo)'의 형태로 한 단계 더 나아간다. 한국의 미투 운동은 여성 검사가 상사의 성추행을 고발하면서 시작되어 거의 모든 분야로 파급되었다. 2020년에는 'n번방 사건'이 한국에서 큰 파장을 일으켰다. 'n번방 사건'이란 메신저 프로그램인 텔레그램의 여러 대화방에서 성 착취물 등을 공유한 사건으로, 피해자 중에는 미성년자도 다수 포함되어 있었다. 핵심 용의자로 체포된 일명 '박사', 또 'n번방'에 가입해 방관한 사람들의 신상 공개에 대한 요구가 뜨거웠고, 신상 공개를 요구하는 청원은 금세 100만 명을 넘겼다. 그동안 디지털 성범죄가 제대로 처벌받지 않았던 것에 대한 여성들의 분노와 일상과 밀접한 공간인 SNS에서 일어난 범죄라는 점에서 피해자에 대한 공감이 컸던 까닭이다. 그 결과 'n번방 방지법'이 제정되었고, 불법촬영물의 유포·판매·대여·제공뿐 아니라 소지 또는 시청한 사람까지 처벌 대상이 되었다.

이러한 페미니즘의 확산과 《82년생 김지영》은 서로 영향을 주고받으며 차별에 맞서겠다는 의지를 한국 사회에 뿌리내렸다. 한국에서는 군사정권 시절의 민주화운동부터 박근혜 전 대통령 탄핵시위 등 다양한 운동에서 여성들이 적극적으로 목소리를 냈다. 그러한 역사 속에서 여성들은 사회적 탄압을 받으면서도 사회를 바꾸고자 하는 의식과 힘을 축적했다. 그것이 한국 페미니즘에도 영향을 미쳤을 것이라고 생각한다. 한국에서는 지금도 페미니즘에 대한 높은 관심과 함께 여성들의 권리와 평등을 추구하는 시민운동이 펼쳐지고 있다.

그렇다면 일본은 어떨까. 학교, 회사, 결혼, 육아 등에서 김지영처럼 여성으로 살아가며 어려움을 겪는 사람이 적지 않을 것이다. 한국과 일본에서 여성이 어떻게 억압되었는지, 일본인이 성차별 없는 사회를 실현하기 위해 할 수 있는 것이 무엇인지를 생각하면서 《82년생 김지영》을 읽어보기 바란다.

단순한 케이팝 팬이
역사를 배우기 시작한 이유

구마노 고에이

한국 문화에 빠져 한국으로

뜬금없는 질문이지만 여러분은 케이팝이나 한국 드라마와 같은 한국 문화를 좋아하는가? 나는 사랑한다(웃음). 고등학교 3학년 겨울, 입시가 코앞임에도 불구하고 나는 그만 한밤중에 유튜브 창을 열어버렸다. 그 무렵 친구들 사이에서 인기 있던 케이팝 그룹인 BTS와 트와이스의 뮤직비디오를 보고 충격을 받았고 단숨에 한국 문화에 빠져버렸다. 그날 밤의 충격은 지금도 잊을 수 없다. 왜냐하면 나는 그때까지 일본에서 가장 가까운 이웃 나라인 한국을 거의 의식하지 않고 살아왔기 때문이다. 그 후 나는 무사히 대학에 입학했고, 부리나케 제2외국어로 한국어를 선택했다. 그리고 케이팝과 한국 영화·드라마, 한국어에 대한 애정이 나날이 커져갔다.

하지만 내가 한반도와 일본의 역사를 배우기 시작한 것이 한국 문화를 좋아하기 때문은 아니다. 오히려 한국 문화를 좋아했기 때문에 역사는 잊고 살았다. 내가 역사를 배우기 시작한 직접적인 계기는 내 또래 재일조선인(133~142쪽 참조) A와 만나면서부터였다. 나는 A를 일본군 '위안부' 문제(36~51쪽 참조)에 관한 스터디 투어에서 만났다. 한국에서 진행된 그 투어는 대학의 제2외국어 한국어 선생님이 주최한 것으로, 1년간의 수업을 마무리할 때에 참가자를 모집했기에 한국어 수업을 같이 이수한 친구와 참여하게 되었다.

일본군 '위안부' 문제에 관한 스터디 투어에 참가했다는 말을 들으면, 내가 상당히 의식 수준이 높은 사람이라고 생각할지 모르겠다. 하지만 그때의 나는 솔직히 일본군 '위안부' 문제는커녕 역사 자체에 별 관심이 없었다. 오히려 역사는 암기과목이라는 생각이 강해서 '대학교까지 와서 역사 공부를 해야 하나'라고 생각할 정도였다. 순수하게 케이팝을 비롯한 한국 문화를 좋아하고, '한국은 케이팝이지'라고 생각하는 단순한 케이팝 팬이었다.

그렇다면 투어에는 왜 참가했을까. 일단 그 투어가 파격적으로 저렴했다(불순한 동기!). 한국 문화는 좋아했지만, 한국에는 한번도 가본 적이 없었기에 '한국에 가볼 좋은 기회'라며 속으로 쾌재를 불렀다.

제일 중요한 일본군 '위안부' 문제에 대해서는 뉴스 등에서 들어본 적은 있었지만, 인터넷에 떠도는 정보가 맞는 것인지 판단을 내릴 수조차 없는 수준이었다. 그저 언젠가 알긴 알아야겠다는 생각에만 머물러 있었다. 게다가 그 당시 아르바이트를 했던 노래방 사장님에게 한국어를 배우고 있다고 했더니 "한국은 반일."이라길래, 살짝 의심은 들면서도 '진짜 한국은 반일인가?' 생각하기도 했다. 그래서 '투어를 계기로 잘 모르던 것도 쉽게 알 수 있으니 일석이조겠구나' 싶었다. '한국 문화는 좋아하는데 역사는 잘 모른다'라는 사실이 조금씩 부담스럽기 시작했던 터라 일본군 '위안부'가 주제인 투어는 내게 안성맞춤이었다.

다만 아무리 싸게 한국에 갈 기회라고 해도 스터디 투어였으므로 심리적 부담은 물론 있었다. 그래도 그때 친한 친구 두 명이 투어에 참여한다는 소식을 듣고 그 기세에 힘입어 한국에 가기로 했다.

어느 재일조선인과의 만남 그리고 답답해진 마음

이런저런 사정으로 나는 친구와 함께 바로 한국으로 떠났다. 그런데 투어가 시작되자마자 뒤통수를 한 대 맞은 듯한 충격을 받았다. 자기소개 시간이었는데, 참가자였던 재일조선인 A가 날카로운 말투로 "나는 주변에서 케이팝을 좋아한다는 사람을 봐

도 심드렁해. 역사는 보지 않고 즐거움만 취하는 건 문화 소비일 뿐이잖아."라고 말하는 것 아닌가. 그리고 일본인 대부분이 일본의 가해 역사는 회피하고 있으며, 의도하지 않았어도 '네토우요ネトウヨ'*처럼 차별과 가해 행위를 할 수 있다고 지적했다.

그 당시에는 A의 말이 잘 와닿지 않았는데, 몹시 동요했던 것만은 또렷하게 기억한다. 왜냐하면 '나는 한국 문화를 좋아하고, 한국인이나 재일조선인들을 나쁘게 보지도 않으며 무엇보다 타인을 차별하는 사람이 아니다'라고 믿었기 때문이다. 입으로 내뱉지는 않았지만, 속으로는 '일본인이 다 그런 건 아니잖아!', '왜 그렇게 화가 나있는 거지?'라고도 생각했다. 하지만 한편에서는 A의 지적이 머릿속을 떠나질 않았다.

자기소개 시간이 끝난 뒤, 주변에서도 A의 지적을 받아들일 수 없다거나 어조가 너무 강했다는 이야기들이 나왔다. 하지만 바로 옆에서 듣고 있자니 주변 참가자의 마음을 반은 이해하면서도 어쩐지 A의 분노를 외면하는 듯한 기분도 들었다. 일단 A가 왜 그렇게까지 화가 나있는지를 알아야겠다는 생각이 들었다. 그렇게 찜찜함을 느끼다 '일본 사회가 A의 분노를 받아내지 못하고 있는 게 아닐까', '재일조선인이 저렇게 화를 낼 만큼 일본 사회에 문제가 있는 건 아닐까' 하는 생각이 들기 시작했다. 그리고 내가 답답해하고 반발심을 느끼는 이유가 A의 '문화 소

---

* 일본에서 인터넷을 중심으로 극우 사상이나 인종차별 발언을 일삼는 '인터넷 우익'의 줄임말.

비다', '일본인은 가해 역사를 외면한다', '누구나 가해를 저지를
수 있다'와 같은 지적이 정곡을 찔렀기 때문이라는 생각이 들어
견딜 수가 없었다. 하지만 그때는 A의 지적을 인정하기가 두려
워서 무의식적으로 깊이 생각하지 않으려 했다.

한편 투어 중에는 역사뿐 아니라 젠더·섹슈얼리티 문제도 피
할 수 없었다. 명실공히 일본군 '위안부' 문제를 다루는 투어였는
데, 친구와 대화하다가 내가 성차별과 성희롱 발언을 묵인해 차
별에 가담했기 때문이다. 특히 저녁 시간에 한 친구가 여성 친구
에게 성적인 질문을 한 자리에 나도 있었는데 웃고 넘겨버렸다.
나중에 다른 참가자의 지적으로 문제를 깨달았고, 나의 무지와
가벼운 가해 인식으로 타인에게 상처를 줄 수도 있다는 것을 뼈
저리게 느꼈다(내가 젠더를 공부하기 시작한 계기이기도 하다).

이런 이유로 즐거운 마음으로 시작한 투어가 점점 불편해졌
다. 투어 중에 친해진 참가자와 이런 답답한 마음을 공유했고,
투어 마지막 날 밤에 그 친구와 함께 A와 저녁밥을 먹을 기회가
생겼다. 혼란스러웠던 나는 A와 대화할 기회가 생겨 기뻤다. 하
지만 한편으로는 A와 이야기를 나누고 싶은 마음, 나의 무지와
가해성을 마주해야 한다는 괴로움 사이에서 마음이 요동쳤다.

그리고 아니나 다를까, A는 일본의 가해 역사와 나의 가벼
운 가해 인식, 젠더 인식을 다시금 날카롭게 지적했다. 나는 정
말 기본적인 것도 몰랐기 때문에 A에게 꼬리에 꼬리를 무는 의
문점들을 쏟아냈다. A는 "너에게 나쁜 의도가 없단 건 알지만,

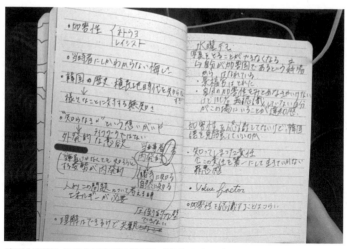

한국에서 열린 스터디 투어 당시 답답한 마음을 들어준 친구가 적어준 메모.

스스로 공부하는 '비용'은 하나도 지불하지 않은 채 질문만 하고 있어. 당사자의 영역에 서슴없이 침입해 당사자가 말하게끔 하고 있잖아. 우리는 지금까지 살아오면서 이걸 몇천 번, 몇만 번이나 해와서 지쳤어."라고 대꾸했다. 충격 그 자체였다. 덧붙여 일본인 남성인 나에게는 남성으로서의 특권, 일본의 가해 역사나 민족 차별 문제를 생각하지 않아도 살아갈 수 있는 특권이 있다는 것도 알려주었다.

그렇게 수많은 지적을 받은 나는 한국 문화를 좋아하고 한국인, 재일조선인을 특별히 나쁘게 생각하지 않는 것과 일본의 가해 역사를 마주하는 일은 완전히 다른 문제라는 것을 깨달았다. 실제로 지금까지 살아온 삶을 돌아보니 누군가 내게 일본의 가해 역사에 대해 진지하게 생각해 본 적이 있느냐고 묻는다면 그러지 않았다고 인정할 수밖에 없었다. 나는 결국 투어 첫날 A가 지적한 것, 그러니까 일본의 가해 역사는 외면한 채 나에게 유리하고 즐거운 부분만 골라보는 '문화 소비'를 하고 있었던 셈이다. 한국 문화를 좋아하니까 일본의 가해 역사를 더욱 인식하지 못했던 것일지도 모른다. 역사를 바라보지 않는 선택이 가능했던 것, 어려운 문제라며 그냥 회피했던 것, '역사와 문화는 별개'라고 말할 수 있었던 것. 이것이 바로 일본인인 나의 특권이었다. 나는 굳이 일본의 가해 역사를 고민하지 않아도 사는 데 지장이 없는 위치였기 때문에, 아무런 고민도 없이 순수하게 한국 문화를 즐길 수 있었다.

한편으로 어쩌면 '네토우요'만큼은 아닐지라도 지금까지 나도 모르는 사이에 한국인이나 재일조선인을 차별하는 언행을 했을지도 모른다는, 나도 그들을 은근히 내려다봤을지도 모른다는 생각을 떨칠 수 없었다. 그리고 실제로 투어 참가 전에 한국이 정말 '반일'인지 아닌지 확인해 보려고 했던 나의 마음은 한국이 일본을 싫어하는지 아닌지 판단을 내리려고 한, 상대를 대등하게 보지 않는 태도에서 나온 것이었다. '반일'이라고 이야기하는 건 일본의 가해 역사를 인지하지 않기 때문에 나오는 말이었다.

사람을 차별하지 않는다고 믿었던 내 안에 일본의 가해 역사를 경시하고 한국인과 재일조선인을 내려다보는 마음이 뿌리내리고 있었다는 사실. 이것은 한국 문화를 좋아하는 나에게 너무나 충격적인 일이었다. 그리고 그런 나의 무지와 가벼운 가해 인식이 삽시간 무섭게 느껴졌다. 실제로 투어 중에 내가 여성 차별에 가담했던 만큼 더욱 그렇게 느껴졌다.

그런데 이렇게 가해 역사를 대하는 태도가 가볍다는 사실을 깨달은 뒤에도 내가 직접 가해를 저지른 병사도 아닌데 과연 일본군 '위안부'의 아픔을 절실히 공감하고 가해 역사를 인지할 수 있는 것일까 하는 한계도 느꼈다. 물론 투어를 통해 일본의 가해 역사를 인지하고 피해자들의 고통에 공감하는 마음은 확실히 커졌지만, 순도 100퍼센트가 될 자신이 없었다. 지금 생각하면 애초에 일본군 '위안부' 피해자는 우리가 감히 상상도 하지 못할 고통을 받은 데다 그것이 해방 후에도 이어졌으니 (39~42쪽 참조), 쉽게 공감한다고 말하는 것이 오히려 폭력이라고 할 수도 있다. 공감도 나와 상대를 동일시한 상태에서 해서는 안 된다. 다만 그럼에도 불구하고 피해자와 일본인인 나 사이의 '오롯이 이해할 수 없는' 압도적인 벽의 존재는 내 마음을 아프게 했다. 또, 투어에서 만난 A를 비롯해 한국어 선생님이나 열심히 문제와 부딪치려고 한 다른 참가자 사이에서도 벽을 느끼고 스스로 한계까지 느끼니 한심한 생각이 들었다. 그런 까닭에 마지막 날 밤에는 특히나 정신적으로 고통스러웠다. 마지막 날에는 '위안부' 문제 해결을 촉구하는 수요집회를 찾아갔는데, 가해 역사의 무게를 온전히 인지하지 못했던 내가 그 자리에 있어도 될까 걱정스러운 마음에 '평화의 소녀상'에 카메라를 들이 대는 것조차 송구스러웠다(52~55쪽 참조).

투어 과정에서 싹튼 '일본의 가해 역사를 알아야겠다'라는 다짐도 타인에게서 촉발된 의욕이라는 생각이 들었고, 스스로 역사를 배우고 싶다고 생각하지 않은 내 모습에 넌더리가 나기도 했다.

그래서 투어에 참여하고 난 뒤, 앞으로 어떻게 일본의 가해역사를 바라봐야 할지 한층 혼란스러웠다. 일본의 가해 역사와가해 인식이 가벼웠음은 깨달았지만 애초에 전후에 태어난 나에게 대체 어떤 책임이 있는지, 나는 한국 문화를 즐기면 안 되는 것인지 머리가 뒤엉켜 버렸다. 케이팝을 듣거나 한국어를 배우는 것도 더는 즐겁지 않았다.

'연루'를 통해 '아는 것', 차별에 목소리를 높이는 일

투어가 끝난 뒤에도 답답한 마음은 해소되지 않았다. 그러나고민 끝에 오스트레일리아의 역사학자 테사 모리스 스즈키Tessa Morris-Suzuki가 주장한 '연루'라는 개념에 다다랐다. 과거의 잘못은 현대인이 저지르지 않았기 때문에 직접적인 책임은 없지만, 그 잘못에서 파생된 사회에서 살고 있기 때문에 역사의 풍화 과정에 직접 연관되어 있다. 그러므로 과거와 아무 관련 없는 사람으로 살아갈 수는 없다는 의미였다. 그리고 일본의 침략, 식민지 지배, 일본군 '위안부' 제도와 같은 과거의 불의를 발생시킨 '차별과 배제의 구조'가 남아있는 한, 현대인에게는 역사를 풍화시키지 않고 '차별과 배제의 구조'를 무너뜨릴 책임이 있다는 말이었다(《바다를 건너간 위안부: 우파의 '역사전'을 묻는다》).

직접 가해를 저지르지 않은 현대인이 과거의 불의에 어떠한 책임이 있는가, 애초에 책임이 있는 것인가 하는 문제로 답답해하던 나에게 '연루'는 그야말로 '유레카'였다. 그렇게 나는 과거의 불의를 바로잡지 않은 사회에서 살아가는 한 과거의 역사와 내가 무관계하지 않다는 '연루' 의식을 바탕에 깔고, '차별과 배제의 구조'를 무너뜨리겠다는 자세로 가해 역사를 마주하기로 했다.

다만 나는 아는 게 너무 없었다. 투어를 다녀왔지만 역사를 공부하는 것은 여전히 부담스러운 일이었다. 그렇지만 투어에서 일본 사회의 소수자인 재일조선인에게 무신경하게 차별에 대해 설명하게 만든 것처럼 나의 무지와 경솔한 가해 인식으로 타인에게 상처 주는 일은 더 이상 하고 싶지 않았다. 그래서 일단 일본의 가해 역사에 대해 알아가 보기로 했다. 단순히 암기과목 외우듯 지식을 습득하는 차원에서 벗어나 나의 인식을 재정립해 나가는 과정이었다.

그러자 서서히 내 안에서 일본군 '위안부' 문제를 비롯한 일본의 가해 역사에 대한 문제의식이 싹트는 것을 느꼈다. 조금씩이지만 다른 사람의 입을 통해서가 아니라 내 안에서 샘솟은 것이었다. 문제의식이란 결국 처음부터 존재하는 것이 아니라 배움의 과정에서 생겨나는 것인지도 모른다.

이렇게 '알아가는 과정' 속에서 문제의식이 깊어지자 안이한 교류나 연대에도 위화감을 느꼈다. 특히 내가 위화감을 느낀 교류는 일본의 대한對韓 정책에 반대하는 한국인과 프리허그를 한 것이나 트위터상에서 한일 국민들이 서로 해시태그로 호감을 전하는 것이었다(217~220쪽). 왜냐하면 이러한 교류는 알아가려는 노력 없이 한국과 일본의 국민 사이가 좋아지는 것에 만족해 역사를 망각하고 피해자를 방치하는 것 같았기 때문이다. 내가 알려는 노력은 하지 않은 채 무턱대고 한국 문화만 좋아한 탓에 일본의 가해 역사나 피해자에 대한 인식이 결핍되었던 것과 같은 결이었다.

문화와 교류, 연대 자체에 죄가 있는 것은 아니다. 나 또한 한국 문화를 사랑하고, 투어에서 재일조선인과 만나 교류한 것이 공부에 입문한 결정적인 계기였다. 그러나 피해자를 방치한 한일우호가 진정한 의미의 교류라고 할 수 있을지는 의문이었다. 새삼 한국을 좋아하는 것과 가해 역사를 마주하는 것은 별개라는 사실을 절실히 느꼈다. '알아간다는 것'은 역사의 풍화에 저항한다는 '연루'에 기인한 책임을 지려는 행동 중 하나일지도 모른다.

이렇게 조금씩 알아가기 시작했지만, 그 밑바닥에는 역시나 나의 무지에 대한 죄책감 같은 것이 깔려있었다. 그런데 투어를 마치고 일본으로 돌아온 지 얼마 되지 않아, 어느 재일조선인의 말에 가슴이 철렁했다. 그는 일본의 역사와 차별에 대해 '일본인으로서 면목 없다'라고 사과하기보다 함께 차별에 맞서주기를 바란다고 부탁했다. 물론 무지로 상대에게 상처를 주기도 하니 무지에 아무 문제가 없다고 단정할 수는 없다. 하지만 단순히 일본인이 가해 역사를 반성하는 데서 그친다면, 피해자의 존엄을 지키거나 차별을 없앨 수는 없다는 당연한 사실을 깨달았다. 당사자를 위한다고 생각했지만, 실제로는 당사자가 직면한 '차별받는 현실'이 내 안에서 보이지 않은 것 같다. 어느샌가 일본인으로서의 나를 먼저 지키고자 하는 생각이 내 안에 숨어들었다. 이러한 깨달음은 '연루'에서 말하는 '차별과 배제의 구조'를 부수는 것이 어떠한 의미를 지니는지 헤아려 보는 마중물이 되었다.

예를 들어, 일본군 '위안부' 제도는 자본주의를 바탕으로 일본의 침략·식민지 지배가 만들어낸 민족·젠더·계급차별이 한데 뒤엉킨 것이다(37~42쪽 참조). 즉, '차별과 배제의 구조'를 무너뜨린다는 것은 지금도 자본주의사회 안에서 계속되는 민족·젠더·계급차별 등의 차별에 대해 사회의 일원으로서, 그리고 한 인간으로서 반대해야 하는 일이 아닌가 하는 생각이 들었다. 물론 이것 또한 강박관념에 사로잡혀 아무렇게나 목소리를 낸다고 되는 것이 아니라, 각종 차별적 제도와 구조, 권력 관

수업 시간에 일본군 '위안부' 문제에 대해 발표하다.

계를 정확하게 직시한 후에 목소리를 내야 한다. 그리고 때로는
혼자 천천히 문제를 곱씹고, 세상을 떠난 사람들과 피해자들의
마음을 헤아려 보는 일도 잊으면 안 된다.

 한편으론 이 문제를 홀로 마주하는 것이 버겁기도 했다(오락
가락하는 내 모습에 나도 웃음이 난다). 너무 큰 문제로 느껴지고,
차별에 목소리를 높이는 데도 용기가 필요했기 때문이다. 하지
만 이렇게 계속 알아가다 보니 어느새 주변에는 한반도와 일본
의 역사를 배우는 데 진심인 세미나 사람들, 그리고 일본의 가
해 역사를 마주하고 차별 반대를 행동으로 보여주는 사람들이
늘어갔다. 결코 동지가 많다고는 할 수 없지만, 지금은 그들과
함께 이러한 문제를 끊임없이 고민하고 차별에 맞설 방법을 모

색하고 있다. 혼자서는 역사를 알아가고 목소리를 내는 일이 힘에 부칠 것이다. 그래서 함께 문제의식을 공유할 수 있는 동료의 존재는 아주 소중하다.

역사와 문화, 계속되는 답답함

앞서 투어가 끝날 무렵에는 케이팝과 한국어가 더는 즐겁지 않았다고 이야기했다. 일본으로 돌아온 후 한때는 정말 너무 혼란스러워 한국 문화를 즐길 수 없었다. 그러나 계속 역사를 알아가고 차별을 저지하기 위해 행동하면서도 한국 문화를 즐길 수도 있다는 걸 깨닫게 되었다. 물론 이전처럼 스스럼없이 문화를 소비하지는 않으므로 질적으로 다르다고 생각하지만, 지금도 자주 케이팝을 듣고 한국 영화를 본다. 역사는 마음껏 문화를 즐기는 데 방해가 되는 '걸림돌' 따위가 아니다.

　최근 일본에는 케이팝 등 한국 문화를 좋아하는 사람이 늘고 있다. 그런 사람들은 한국을 호의적으로 본다. 확실히 한국에 대한 인상이 좋아진 사람도 있겠지만, 실제로는 일본을 비판하는 시위나 좋아하는 한국 아이돌과 배우의 언행을 접하면서 '역시 한국은 반일'이라고 단정 짓고 문화만 즐기는 사람도 많을 것이다. 그중에는 좋아하는 한국 아이돌이 역사 문제에 대해 언급하는 것을 듣고, 이제 팬을 그만둬야겠다고 단념하거나 한국 문화를 즐길 수 없게 된 사람도 있을지 모른다. 그래서 다른 사람이 보면 의외일지 모르지만, 한국 문화를 좋아한다고 역사를 배우는 사람은 그리 많지 않다. 오히려 역사가 얽힌 어떤 문제가 발생하면 팬들 사이에서 '반일'에 '일본인 차별'이라며 비난 댓글이 쇄도하기도 한다.

물론 실제로는 일본 팬 중에서 역사를 알아야겠다고 생각하는 사람도 많은 것 같지만, 일본에서는 자국의 역사나 정치 문제를 꺼내는 것을 금기시하는 경향이 있어 전반적으로 화제 자체를 회피하는 분위기이다. '문화에 정치를 끌고 오지 말라'는 비판에 위축된 일본인도 있을 것이다. 그런데 사실 정치와 역사 등 우리의 인권과 관련된 발언을 봉쇄하는 것 자체가 매우 정치적인 행위이다. 그리고 역사 문제는 정치 문제이기 이전에 인권 문제라는 인식이 중요하다. 왜냐하면 한반도와 일본의 근현대사 속에서 수많은 이들의 존엄이 짓밟히고 인생이 뒤틀려버린 인권 침해가 자행되었기 때문이다.

이렇게 말하면 내가 대단한 사람인 것 같지만, 내 안에는 역사를 공부하고 차별에 반대하는 일을 내켜하지 않는 모습도 존재한다. 이것이 나 개인의 문제일까 하고 생각할 때도 있는데, 동시에(오히려?) 역사를 배우거나 차별에 반대하는 일이 지금의 일본 사회에는 '당연'하지 않기 때문에 그렇게 생각하는 것 같기도 하다. 모든 사람의 인권을 존중하고, 차별을 없애는 일이 '당연한' 일이기를 바라고, 또 그렇게 되어야만 한다. 같은 생각을 공유하는 사람들과 함께 조금씩 지금의 사회를 바꿔나갈 수 있기를 소망한다.

　지금까지 나의 경험을 구구절절 이야기했는데, 이제 이 글을 어떻게 마무리해야 할지 고민이 된다. 나 또한 진짜 중요한 것이 무엇인지 바로 이 순간에도 고민하고 답답해하고 있기 때문이다. 내가 '차별과 배제의 구조' 속에 있고 특권을 쥐고 있기 때문에 보지 못한 부분, 닿지 못한 부분이 있을 것이기에 솔직히 조금은 겁도 난다. 투어에서 만난 A가 내 글을 읽을지는 모르겠지만 '당사자는 어떻게 생각할까'를 고민하는 내가 여기 있다. 그러나 내가 그저 두려워하고만 있다면 새롭게 배우려고 하는 사람이 중압감을 느끼게 될지도 모른다. 내가 쓴 글을 다시 읽어보니 그럴싸하게 정리한 것만 같아 과연 내가 하고 싶은 말이 그들에게 제대로 전달될지 모르겠다. 자꾸자꾸 답답함이 꼬리를 문다. 하지만 이러한 답답함은 분명 의미가 있다고 믿는다. 역사를 배운다는 것은 그런 의미일지도 모른다.

한국인 유학생이 들은
일본에서 태어난 할아버지의 이야기

이상진

조부모님은 나를 아낌없이 사랑해 주셨다. 기억이 또렷하진 않지만, 부모님이 맞벌이여서 어린 시절 나는 조부모님 댁에서 자랐다. 그때부터 할아버지는 늘 나에게 "사랑한다.", "네가 자랑스럽다."라고 애정을 표현해 주셨는데, 나는 애교가 없어 할아버지에게 적극적으로 말을 걸지도 못하는 손자였다. 부모님이 "할아버지하고 대화 좀 나눠보렴. 네가 먼저 말 걸기를 기다리실 거야."라고 말할 정도였다. 그런 나에게 할아버지는 늘 "사랑한다."라고 말해주셨다.

할아버지가 2018년 8월에 세상을 떠나셨을 때, 나는 군대에 있어 임종을 지키지도 못했다. 투병 중이실 때 자유롭게 몸을 움직이거나 말하지도 못하는 상태에서 내 손을 잡고 무언가 말씀하려고 했던 할아버지의 얼굴이 떠오른다. 그때도 할아버지는 내게 '사랑한다'라고 말씀하려 했는지 모른다.

할아버지와 더 많이 이야기를 나누지 못한 걸 후회한다. 특히 지금 일본에 유학 온 내가 이것만은 같이 이야기 나눴으면 좋았을 텐데 곱씹는 것이 있다. 바로 할아버지의 일본 생활이다.

이 책을 출간하게 되고, 할아버지의 누이동생, 나의 아버지, 고모에게서 할아버지의 일본 생활에 관해 전해 들었다. 살아계셨을 때 직접 이야기를 들었다면 할아버지의 생각도 알 수 있었을 것이다. 가족을 통해 들은 단편적인 이야기이기는 하나, 이 책에 할아버지의 일본 생활을 기록으로 남겨보려고 한다.

할아버지는 1938년 도쿄의 미카와시마三河島에서 태어났다. 할아버지의 부모님, 즉 증조부모님은 일본에 먼저 정착한 가족이 있던 터라 1937년에 일본으로 건너갔다. 당시 증조부는 21세, 증조모는 19세였다. 당시 재일조선인의 노동운동과 사회운동이 활발해지자 일본 정부는 일본으로 도항하는 조선인을 관리할 목적으로 도항증명서를 발급하고, 증명서가 있는 자만 도항을 허락했다. 다만 친족이 일본에 있는 경우는 증명서 취득이 비교적 쉬웠다고 한다.

당시에는 일본의 식민지 정책 때문에 점점 조선인들의 살림살이가 어려워졌고, 생계를 꾸리기 위해 조국을 떠나 일본으로 건너가는 조선인이 많았다(134~136쪽 참조). 조선에서 가난하게 살았던 증조부에게 일본으로의 도항은 빈곤을 탈출할 길이 없을 것이다. 조선에서 초등학교(당시 보통학교라는 이름이었다) 밖에 졸업하지 못한 증조부는 일본에서 중학교와 상업고등학교를 졸업한 뒤 야간 대학에 진학했다. 증조부는 매일같이 낮에는 육체노동을 하고, 밤에는 학교에 다녔다.

증조모도 공장에서 일했는데, 그렇게 하지 않으면 가계가 돌아가지 않았을 것이다. 지금의 나보다 어린 나이였던 증조부모의 생활을 떠올리면 마음이 복잡하다. 조선인인 증조부가 성공하는 길은 공부밖에 없었다. 아버지가 증조부의 대학 동창회 사진을 본 적 있다는 것으로 보아 졸업도 하신 모양이다.

할아버지의 누이동생에 따르면, 증조부는 일본의 항공회사에 취직해 과장급까지 승진했는데 조선인을 차별하는 상사에 분노를 느껴 퇴사했다고 한다. 고향을 떠나 낯선 환경에서 일하면서 공부해 취직까지 했는데, 그곳에도 민족 차별이라는 벽이 굳건히 버티고 있었다. 조선인은 아무리 발버둥 쳐도 뛰어넘을 수 없는 벽이 존재했던 것이다.

회사를 그만둔 뒤 증조부는 이케부쿠로의 2층짜리 건물을 사들여 '계림상점'이라는 가게를 열었다. 증조부의 고향이 경상북도였는데, 경상도 지역을 다스렸던 신라의 다른 이름인 '계림'에서 따온 이름이 아닐까 추측한다. 조선인이 도쿄에서 토지를 사들이는 것은 당시에는 매우 드문 일이었다. 나의 할아버지는 그곳에서 유년 시절을 보냈다. 가게는 번창했다. 이 시기에 조선인 강제연행·강제노동이 시작된 것을 생각하면, 할아버지의 가정은 재일조선인 중에서도 유복했다고 할 수 있을 것이다.

1930년대의 재일조선인은 일반적으로 집단 거주지를 형성해 살았는데, 할아버지의 누이동생에 의하면 주변에 조선인이 없었던 모양이다. 그 때문인지 비슷한 또래의 일본인이 조선인인 할아버지를 괴롭혔다고 한다. 할아버지에게서 마늘 냄새가 난다거나 '조센징'이라고 하면서 돌을 던졌다. 집에서 한글과 천자문을 배운 것이 '조선인'으로서의 정체성 확립에 도움을 주었는지 할아버지는 자신을 괴롭힌 일본인에게서 물러서지 않았다.

할아버지는 1945년 3월 이케부쿠로에 있는 초등학교에 입학했는데, 전쟁통이었던 탓에 학교를 제대로 다니지 못했다. 미군의 공습이 극심해지자 이케부쿠로를 떠날 수밖에 없었다. 할아버지의 누이동생에 의하면 공습으로 이케부쿠로에 있는 가게가 직격탄을 맞아, 한 발짝만 늦었어도 가족이 전부 죽었을지도 몰랐다고 했다.

1945년 8월 15일, 조선이 일본의 식민지 지배에서 해방되자, 할아버지의 가족은 대형연락선을 타고 조선으로 향했다. 그러나 증조부는 연락선을 타지 못하고, 소형선을 타고 나중에 합류했다. 연락선은 사람과 짐으로 가득 차버리는 바람에 통로가 없어져 짐을 바다에 내던지기도 했다. 할아버지는 선내의 인파에 치여 팔이 부러져 간이 깁스를 했다. 생전 처음 조선으로 향한 할아버지는 콩나물시루 같은 선내에서 무슨 생각을 하셨을까.

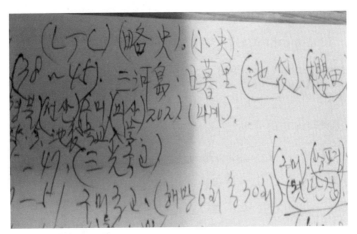

할아버지가 기록한 노트의 일부.

　조선으로 돌아온 할아버지는 증조부의 고향인 경상북도에
터를 잡았다. 일본 생활은 짧았지만, 할아버지에게는 평생 잊을
수 없는 기억이었다. 할아버지는 나이가 들어서도 일본 동요를
부르고 자신의 일본 이름을 기억했다. 또 내가 일본으로 유학을
떠날 때는 일본에서 많이 배우고 오라며 격려해 주셨다.

　하지만 한편으로는 조선인이라는 이유로 차별당했던 억울함
이 불쑥 드러날 때도 있었다. 일본 생활을 떠올리면 심경이 복
잡했을 것이다. 할아버지에게 일본은 단순히 태어난 곳이 아니
라 조선인으로서 차별받으며 살아남은 공간이다.

　우리 가족은 아버지의 일 때문에 일본에서 1년 정도 산 적이
있는데, 그때 나의 남동생이 태어났다. 60년도 더 지나 본인처
럼 일본에서 태어난 손자를 보며 할아버지는 어떤 감정을 느꼈

을까. 자신의 유년기를 떠올리지는 않았을까.

이제 할아버지에게 그때의 이야기를 직접 들을 길은 없다. 하지만 내가 할아버지의 손자인 것은 시간이 지나도 변하지 않는다. 나는 할아버지의 역사를 계속해서 기억해 나갈 것이다. 그것은 나의 역사이기도 하니까.

역사는 과거의 이야기이니 잊어버려도 상관없다고 생각하는 사람이 있을지 모른다. 그러나 역사는 내 가족의 이야기이자 나의 이야기이기도 하다. 그리고 우리 사회는 이러한 이야기를 가진 개개인이 모여 이루어진다. 역사를 기억하는 것은 단순히 정치적이고 외교적인 문제가 아니다. 가족의 이야기를 그리고 나의 이야기를 기억하는 일이다. 그것이 '나는 누구인가'를 가르쳐 줄 것이다.

한국인 친구가 생겼지만……

우시키 미쿠

'한일교류'라는 말을 들으면 무엇이 먼저 떠오르는가. 나에게 '한일교류'란 한국과 일본의 역사 문제에 관심을 불러일으킨 촉매제였다.

한국 그리고 역사 문제와의 만남

예전의 나에게 한국이란 케이팝에 푹 빠진 친구의 이야기 속에서나 등장하는 나라였다. 대학교 1학년 겨울 전까지는 말이다. 외국인과 영어로 교류할 수 있는 단체를 찾던 나는 우연히 한국 대학생과 교류하는 학생 단체를 발견했다. 그 단체는 매년 한국의 자매단체와 번갈아 양국을 방문하면서 다양한 사회 문제를 토론하고 문화를 교류하는 곳이었다. 한국의 역사는커녕 문화에도 크게 관심이 없었지만, 여름방학 기간에 저렴하게 해외에 갈 수 있는 데다 영어도 써볼 수 있다는 점에 끌려 단체에 들어갔다.

내가 들어간 해는 일본에서 한국을 방문할 차례였다. 그래서 사전 준비차 한일관계에 관한 책을 들춰보았다. 원만하지 않은 현재의 한일관계나 과거에 일본이 조선을 상대로 나쁜 짓을 했다는 것쯤은 대강 알고 있었다. 그래도 역사 문제를 논할 때 상대방과 대화가 통할 정도의 지식이 필요하다는 생각에 통과의 례쯤으로 받아들이고 책을 읽기 시작한 것이었다. 그런데 어느 순간 역사 문제의 복잡함에 질려버렸고, 한국 문화에도 별 흥미가 없던 나는 한국에 가는 것 자체가 귀찮게 느껴지기도 했다.

그렇게 2018년 여름, 처음으로 한국을 방문했다. 실제로 한국 대학생과 만나고 나니 놀라운 일이 연달아 일어났다. 다른 사람들이 일본을 비판하는 데 대한 거부감은 원래 별로 없었기 때문에 역사 문제를 다룬 책을 읽고 한국에 대한 인상이 나빠지지는 않았다. 그래도 한국어를 거의 모르는 나에게 여동생 대하듯 친절하게 대해주는 한국 친구들의 모습은 내 마음에 깊은 울림을 주었다.

'한국과 일본이 대립한다는 게 거짓말 같아. 왜 국가 같은 귀찮은 게 있는 걸까. 같은 인간 대 인간으로 보면 이렇게 사이좋

게 지낼 수 있는데.'

그런데 어느 날, 이러한 생각을 뒤흔드는 일이 일어났다. 우리 단체가 '마리몬드'(자세한 내용은 52~53쪽 참조)를 방문한 날이었다. 나는 컨디션이 좋지 않아 직접 방문하지 못했는데, 숙소로 돌아온 친구들의 분위기가 그전까지와는 달리 축 처져있었다. 무슨 일이 있었느냐고 물어보니 '마리몬드' 강연 담당자와 한국인 학생이 일본인 학생들을 '위안부' 문제로 몰아붙였다고 했다. 동요한 일본인 학생과 한국인 학생 사이에 살짝 신경전이 벌어졌던 모양이다.

그때 신경전을 벌인 당사자였던 한국인 학생은 나와 사이가 좋았던 단원 중 하나였다. 나는 무슨 일이 있었는지 알고 싶었다. 사전 학습 때 참고했던 책을 일본인 학생과 다시 읽고, 다음 날 그와 '위안부' 문제에 관해 이야기를 나누기로 했다. 전날의 일도 있으니 상대방도 꽤 신경을 많이 쓴 듯했지만, 그것과는 별개로 우리에게 솔직한 의문을 쏟아냈다. 지식의 양이 압도적으로 적었던 나는 추궁당하는 느낌이 들기도 했다. 대화 중반부터는 머리가 뒤죽박죽되어 그때 한국인 친구가 정확히 어떤 질문을 했는지는 떠오르지 않는다. 하지만 질문의 근간에는 '왜 일본인은 잘못을 인정하지 않는가, 반성하지 않는가' 하는 의문이 있었던 것 같다. 내가 열심히 읽은 한일관계 관련 책에는 그에 대한 답은 없었다. 나는 친구의 물음에 그저 '일본 정부의 입장'을 전할 뿐, 내가 어떻게 생각하는지조차 확실하게 대답할 수 없는 상태였다.

일본 청년들은 '일본이 그동안 이렇게 양보했는데, 한국도 어느 정도 따라와 주면 좋을 텐데'라는 말을 자주 한다. 친구의 이야기를 들으면서 그 말을 돌이켜 보니 '왜 한국은 따라와 주지 않지? 좀 더 근본적인 이유가 있는 건 아닐까?' 하는 의문이 모락모락 피어올라 머릿속을 헤집고 다녔다. 답을 찾지 못한 채 질문만 던져대는 내게 친구는 "우리 이제 그 얘기는 그만할까?"라고 저지했다. 친구는 단체 활동을 시작했을 때부터 몇 번이나 같은 이야기를 되풀이했을 것이다. 지금 생각하면 아무리 호소해도 이해받지 못한다는 허무함과 분노가 담긴 말이었던 것 같다.

친구의 의문에 대한 대답이 왜 내가 읽은 책에 없었던 것일까. 그 책이 역사 문제에 대해 '양국이 어떠한 입장이고 어떠한 경위로 인식의 차이가 벌어졌는지'에 대해 해설한 책이었기 때문이다. 나는 '일본인으로서 일본 정부나 일본인 대다수의 생각을 대변해서 전하고, 한국과의 인식 차이를 알게 되면 한일관계가 좋아질 것'이라고 믿었다. 그런데 정말 그럴까. 피해자의 인권은 회복될 수 있을까.

나는 일본인이 피해자의 호소를 묵살해 온 역사는 충분히 마주하지 않은 채, 한국과 일본이 '서로 양보할' 지점만 찾았다. 그런데도 나는 내 안에 '애국심'도 없고 차별의식도 없다고 믿었다. 하지만 실제로는 '나는 일본인이니까 일본의 의견을 관철해야 한다', '한쪽으로 치우치기 쉬운 문제니까 중립을 지켜야 한다'와 같은 의무감에 사로잡혀 있었던 셈이다. 그래서 친구의 말을 들었을 때 '아, 이 사람도 한국인이구나. 많이 가까워졌다고 생각했는데, 역사 문제 같은 벽이 있는 한 일본인과 한국인은 서로 진심으로 신뢰하기 어렵겠구나' 하는 생각에 흠칫했다. 나를 부정당한 듯한 기분에 상대를 불필요하게 두려워하는 감정이 생겼다. 그리고 그때 나는 스스로 그 '벽'을 뛰어넘으려 하지 않았다.

당혹스러운 동시에 내가 느낀 감정은 뭔가 미안한 일을 했고 상처를 주고 말았다는 막연한 죄책감이었는데, 그렇다고 어떻게 대처해야 할지 알 수 없었다. 그 상태에서 내가 할 수 있는 것은 그저 '더 알아보는 것'뿐이었다. 이제 외면하고는 살아갈 수 없는 무언가를 맞닥뜨린 느낌이었다.

'서로를' 이해하기에 앞서 중요한 것

이러한 경험을 바탕으로 나는 한반도의 근현대사 세미나에 들어갔고, 학생 단체에서도 활동을 이어 나가기로 했다. 지난해를 경험하고 나니 단체 슬로건에 '서로'를 이해하려는 자세를 중시하자는 뜻이 추가되면 좋을 것 같다는 생각이 들었다. 지금 돌아봐도 당혹감으로 점철된 한 해였다. 다양한 위치에서 교류하는 일본인과 한국인을 만나면서, 또 일본 사회에 한국에 대한 부정적인 감정이 퍼지는 상황에서 무언가 해야 한다는 다급한 심정에 공감하기도 했다.

한편, 제대로 해결하지 못한 답답한 일도 있었다. 그 무렵 세미나에서 공부하면서 일본인이 당연히 책임져야 할 일도 하지 않았다는 사실을 잘 알게 되었다. 한일 역사에서 문제 삼는 것은 일본의 인식인데, 그 부분은 파고들지 않고 일본에서는 '일본의 좋은 부분을 알아주면 편견이 없어져 언젠가 해결될 것'이라는 분위기가 있었다. 모든 사람이 그런 것은 아니지만, 그렇게 생각할 것이라는 분위기를 자주 느꼈다. "중국이나 미국과의 교류라면 미래에도 도움이 되겠지만, 한국과의 교류는 글쎄……."라고 말하는 사람에게 역사 문제는 도움이 되고 안 되고의 문제가 아니라 마주해야 할 '나'의 문제라고 제대로 설명하지 못한 적도 많았다.

한국인 친구 중에는 일본인인 나에게 "현재를 살아가는 일본인은 아무 일도 저지르지 않았잖아.", "내가 만약 일본인이었다면 일본인의 생각을 이해했을 거야."라고 말해주는 사람도 있었다. 그런 말에 어떻게 반응해야 할지 몰랐다. 원래라면 일본은 비판받아 마땅한데, 그 부분은 보지 않고 '일본에 대한 편견을 없애자'라고 하면서 도리어 한국인이 신경 써야만 '좋아지는' 한일관계란 무엇일까. 한국인의 일본에 대한 부정적인 감정은 '편견'이 아니라 비판이니까 어떤 이유에서든 회피하면 안 되는 것 아닐까. 그런 답답함을 간직한 채 서로의 속마음은 건드리지 않는 '교류'에 대한 위화감이 들었다. 그리고 또 한편으로는 일본에서 커지는 한국 혐오를 어떻게든 해야 한다는, 그러기 위해서는 표면적으로라도 '교류'를 진행해야만 한다는 초조함까지 느꼈다. 나는 그 혼란스러운 틈바구니에서 요동쳤다.

2019년 8월 일본은 한국을 '백색국가(화이트리스트)'*에서 제외했다. 단체 활동 시작을 앞두고 서울에서 진행된 회의를 마친 나는 공항에 내려서서 그 뉴스를 보았다. 일본 정부에 분노를 느꼈다. 얼마 지나지 않아 모 TV 방송국에서 '정치적으로는 문제가 있지만, 민간 교류는 활발하다'라는 주제로 우리 단체를 취재하고 싶다는 요청이 들어왔다. 뉴스에 동요했던 나는 그 즉시 한국 측 단원에게 소식을 전했다.

한국 측 단원의 반응은 예상한 대로 '무슨 말인지는 알겠지만 복잡한 심경으로 일본행을 결정한 사람도 있으니 거절해 주면 좋겠다'였다. 실제로 작년에 활동한 단원 중에는 할아버지가 강제징용 피해자인 학생이 있었다. 그 할아버지는 어떤 심정으로 일본으로 가는 손자를 배웅했을까. 그 친구는 할아버지의 이야기를 듣고 나서도 현재를 살아가는 일본인에게 어떠한 희망을 걸고 대화를 시도하려는 것이었을까. 나는 분노에 휩싸인 나머지 한국 학생들의 상황을 헤아리지 못했다.

* 안전보장상 신뢰 관계가 있어 수출 관리 시 우대해 주기로 일본이 규정한 국가.

한일 역사 문제는 일본이 국가적 책임을 끝까지 외면하고, 잘못을 반복하지 않기 위한 노력을 충분히 기울이지 않는 데서 시작되었다. 그런데도 일본은 태도를 바꾸지 않은 채 정부 간 합의로 문제를 덮으려고 한 적도 벌써 여러 번이다. 그 상태에서 단순히 교류를 진행하고 역사는 풍화되어 간다면, 그것으로 한일관계가 '좋아지는' 것일까? 대체 무엇을 위해, 무엇에 대해 '대화'를 나누는 것일까? 피해자는 어떻게 생각할까? 한국은 '서로' 이해해야 한다고 말하면서 잘못은 인정하지 않는 일본의 무엇을 이해해 줄까? 한국인에게 '일본인은 바뀌지 않는다'라는 현실을 보여주면서 양보를 강요하기 위해서일까? 양보를 강요당한 사람들은 고통 속에서 분열되고 상처받는 것 아닐까?

역사 인식은 그대로 둔 채 '사이좋게 지내는 것'에만 집중해 피해자의 호소를 무시한 나는 어느새 가해자 측과 한편에 서 있는 인간이었다. 나는 과연 '한일우호'를 연출하기 위해 역사 문제를 이용한 적이 없었을까. 단체 활동은 무사히 마쳤지만, 눈길이 닿는 곳마다 그런 씁쓸함과 나에 대한 의심이 늘어갔다.

타인의 입장을 헤아린다는 것

나는 예전에는 한국 문화에 전혀 관심이 없었다. 이렇게 한국 문화를 좋아하고 역사 문제에 관심이 생긴 것은 교류 덕분이다.

상대를 이해하기 위해 문화를 이해하는 것, 직접 만나 이야기하는 것 자체의 가치를 부정하고 싶은 것은 아니다. 교류를 통해 한국 친구들과 만나게 된 것은 나에게도 너무나 소중한 경험이다. 하지만 한국 친구가 생기는 것과 역사 문제를 이해하는 것은 별개이고, 일본의 가해 역사는 교류로 사라지는 것이 아니다. 그 역사가 개인과 가족의 경험인 이상 '개개의 인간관계를 역사와 분리하는 것', 더 보편적으로 말하자면 '역사와 문화를 따로 떨어뜨려서 생각하는 것'은 불가능하다. 가능하다고 생각한다면 그것은 피해자 측의 복잡한 심경을 헤아리지 못한다는 말일 것이다.

타인의 입장에 서서 생각한다는 것은 아주 큰 용기가 필요한 일일지 모른다. 예컨대 '괴롭힘'과 '따돌림'이 일상적으로 일어나는 반에서 따돌림당하는 친구의 일을 본인의 일처럼 생각하다가는 본인이 바깥으로 밀려날지도 모른다. 나는 그러한 경험과 생각으로 오랫동안 타인에 대해 깊이 생각하기를 의식적으로 피해왔다. 당신도 아마 한두 번쯤은 그런 경험이 있을 것이다.

그 사실을 깨닫고 난 뒤 조선사를 다시 공부했다. 사소한 의문을 하나씩 좇아가는 방식으로 공부하는 가운데 다양한 책과 영화, 현장 답사 등을 더하자 조금씩 이해가 깊어졌다. 같은 사회에 살아가고 있지만 알려고 하지 않았던 재일조선인, 일본군 '위안부' 피해자의 일생을 따라다닌 고통을 보았다. 그러한 역사를 통해 일본의 가해를 이론으로는 알고 있다고 생각했지만, 실제 마음으로는 오롯이 이해하지 못하고 있었음을 깨달았다. 내가 '과거의 일'이라고 생각했던 역사 문제가 실제로는 끝난 적이 없었다는 것을 깨달았다. 나는 아직 식민지 지배를 당한 조선인들을 이해하기에는 멀었다고 생각한다. 그래도 그들을 생각하는 일, 그리고 절대적 가치로서 지켜야만 하는 '인권'을 이해하는 노력을 소홀히 해서는 안 된다는 것은 안다.

물론 나도 이제 막 공부하기 시작한 단계라 아직도 모르는 것 천지이다. 이 책도 고군분투하며 겨우겨우 마무리 지었다. 지금까지 이 책을 읽어주셔서 정말 고마울 따름이다. 역사는 어렵고 복잡하며 마주하기도 쉽지 않다. 한 번 읽어서는 이해하기 어려운 부분도 많을 것이다. 그래도 괜찮다. 가장 중요한 것은 지식의 유무나 전공자 수준으로 알고 있느냐가 아니라, 역사 문제를 얼마나 '나의 일'로서 일상 속에서 의식할 수 있는가, 그리고 피해자와 연대할 수 있는가이다.

피해자를 이해하는 행위에 끝이란 없다. 그 점에서는 역사 문제의 '벽'을 쉽게 뛰어넘을 수 없을 것이다. 나는 가해 역사를 외면하고 철저하게 소수자를 억압하는 이 일본이라는 나라에서 아무런 의심도 없이 보호받으며 살아왔다. 내가 앞으로 어떤 생각을 갖고 살아가든 지금도 앞으로도 일본인이며, 일본인이라는 책임에서 벗어날 수는 없다.

이렇게 쓰면 내가 직접 나쁜 짓을 저지른 것도 아닌데 과하게 무거운 것 아닌가 싶을 수도 있다. 하지만 악행을 방치한 것

우리의 답답함은 계속될 것이다.

과 과거에 직접 악행을 저지른 것, 이 두 가지가 과연 어느 정도나 다른 것일까. 직접 손을 대지는 않았지만 나는 누군가를 발판 삼아 이룬 사회의 일부를 구성하고 있다. 그 누군가란 재일조선인 등 일본 사회의 소수집단이고, 아시아를 중심으로 한 국가들에 일본이 저지른 가해 행위의 피해자들이며, 전 세계 식민주의·인종주의·젠더차별과 계급차별의 피해자들이다. 우리의 삶은 분명히 그들 위에 존재해 왔다.

만약 지금 당신의 발밑이 흔들리는 듯하다면 피하지 말라. 조금 두렵더라도 그 느낌을 소중히 여기기를 바란다. 그래서 조금씩이라도 마주해 보면 좋겠다. 그 동요를 자신만의 세계에 틀

어박힐 구실로 삼을 것인가, 아니면 앞으로 사회를 바꿔나가는 에너지로 삼을 것인가.

결정은 나와 당신의 몫이다. 그리고 스스로 돌아보고 바로잡는 것은 결코 잘못된 일도 자학적인 일도 아니다. 답답함은 계속될 것이다. 그래도 우리는 포기하지 않는다. 우리는 첫발을 내딛는 당신 곁에 있을 것이다.

어떻게 역사와 마주하는가

지금까지 한일 문제에 관해 이야기했는데, 앞으로 어떤 식으로 문제와 마주하면 좋을까, 다 같이 의견을 나눠보았다.(2020년 11월 24일에 열린 좌담회 기록의 일부를 가필·수정했다.)

젊은 세대의 교류로 '한일 간의 갈등'이 해소될까?

구마노 '나라끼리 대립하고 있어도 젊은 세대나 시민이 교류하고, 문화에 대한 이해를 통해 서로 이해가 깊어지면 문제를 해결할 수 있다'라든가, '한국 문화를 좋아하는 젊은 세대가 한일관계의 희망이다'라는 말을 자주 들어. 이런 견해에 대해 어떻게 생각해?

우시키 직접 한일교류를 하다 보니 든 생각인데, '한일관계 문제를 해결한다'라고 할 때 어떻게 '해결'할 것인가를 생각해 봐야 하는 것 같아. 또 막연히 '한일관계'라고 하는데, 구체적으로 누구와 누구의 '관계'인지도 살펴봐야 한다고 생각해. 젊은 세대끼리 사이가 좋아지는 것, 국가 간의 관계 개선이 목표라면 그 젊은이들이나 국가가 망각한 사람들은 어떻게 되든 상관없는 걸까. '한국인이 일본에 나쁜 감정을 갖고 있지 않다'라는 것을, 일본의 침략 전쟁·식민지 지배 등의 책임을 마주하지 않아도 되는 이유로 삼는 건 단순한 책임 회피라고 생각해. 문제를 보고도 못 본 척하면 궁극적으로는 어떤 관계도 좋아질 수 없어.

아사쿠라 나도 문화만 보고 교류한다고 해서 근본적인 문제가 해결될지는 의문이야. 엄연히 가해와 피해 사실이 존재하는데, 민간 교류가 피해자를 위한 게 될까. 가해자인 일본이 역사를 제대로 마주하는 것이 중요해.

구마노 일본이 한반도를 침략하고 식민지로 삼으면서 심각한 인권 침해가 발생했다는 게 전제가 되어야 한다는 말이지. 이 사실을 의식하고 있다면 아무리 문화교류가 이루어진들 피해자의 인권이 회복될 리가 없다는 건 이해할 수 있을 거야. (문화교류를 통해) '한일관계를 개선하자'라고 주장하는 사람들은 아마 일본인의 한국인에 대한 편견·인상이나, 한국인의 일본인에 대한 편견·인상, 그런 수준의 이야기를 하는 것 같아. 그런데 이미지가 좋아진다고 인권 문제가 해결되진 않아. 솔직히 말하면 문화만 소비한 채 끝나니까, 오히려 '역사를 가려버리는 도구'로 문화를 이용한다는 생각마저 들어. 문화 자체는 죄가 없지만, 문화를 즐기는 일본인의 의식은 진지하게 고민해 봐야 해. 한국 문화를 즐기는 것과 가해 역사를 직시하는 것은 전혀 다른 문제니까.

이상진 일본인에게 한국어를 가르치는 아르바이트를 했을 때 역사 문제는 굳이 건드리지 않게 되더라고. 상대방도 마찬가지였고. 나는 그게 과연 진정한 교류인지 아리송했어.

오키타 '문화교류를 통해 서로 호감도가 높아지는 것 아니냐'라는 이야기인데, 거꾸로 한국 드라마를 보고 편견이 더 심해지는 경우도 있을 거야. 예를 들어, 한국 드라마에 여자들이 격하게 언쟁을 벌이는 장면이나 복수하는 이야기가 자주 등장하는데, 그걸 보고 '한국인은 진짜 다들 저런가 봐' 하면서 말이야. 문화교류 자체에서 발생하는 위험성이랄까, 새로운 문제를 만들 가능성도 내포하고 있다고 봐.

'한국이 좋으면' 그걸로 된 걸까?

구마노 트위터에서 '#좋아요한국'이라는 해시태그가 많이 달린 게 2019년 여름이었지. 강제징용 피해자 문제로 한국과 일본이 날을 세우던 때라, 일본을 좋아하는 한국인과 한국을 좋아하는 일본인이 서로 트위터에서 '#좋아요일본', '#좋아요한국'이라는 해시태그를 붙여 글을 올린 거야. '국가는 서로 삐걱대도 시민들은 사이가 좋아요'라거나 '서로 격려하며 한일 우호 관계를 다져가자' 같은 내용이었지. 자연스럽게 발생한 것인지 누군가 기획한 것인지는 모르겠지만, 그때 나는 아주 복잡한 감정을 느꼈어.

한국의 '#좋아요일본'에 대해서는 일단 한국 측의 문제로 남겨둘게. 다만 일본의 '#좋아요한국'에 대해서는 할 말이 있어. 일본은 조선을 침략해 식민지로 삼은 데다 그 뒤로도 그러한 역사를 망각해 왔어. 결과적으로 한일관계를 악화시켜 서로 '좋아요'라고 외쳐야 하는 상황을 만든 게 일본 쪽이란 말이지. 그런 상황을 그대로 둔 게 바로 일본 국민인데 '#좋아요한국'이라는 말이 그 사실을 잊어버리게 만드는 것 같아.

그리고 '#좋아요한국'은 (결국 가해를 저지른 국가의 국민이면서) '우리는 달라요' 하는 느낌이 든달까. 일본 측이 자기들 책임은 묻지 않고 '한국이 좋아요', '한일관계가 좋아지면 좋겠어요'라고 말하는 건, 식민지 지배한 국가와 지배당한 국가라는 비대칭성을 망각하는 느낌이야. 분명 '다들 한일우호라는 같은 목표를 공유하는데, 해시태그를 붙인 사람을 비판하는 건 분열을 조장하는 것 아니냐'라는 비판도 있었어. 하지만 일본의 식민지 지배 책임을 묻지 않는 상태에서 외치는 한일우호는 진정한 한일우호라고 할 수 없다고 생각해.

우시키 우리는 다르다는 듯한 그 느낌 뭔지 알겠어. 한국에 관심이 있거나 한국과 교류하는 일본인 중에는 '나는 한국에 대한 편견이 없다'라든가 '한국이 잘못한 점도 있고 일본이 잘못한 점도 있지'라고 생각하는 사람이 꽤 있는 것 같아. 나도 예전에는 그렇게 생각했어. 그러니까 한일관계 악화나 집회 행동, '반일' 발언을 목격했을 때 어느 정도 한국과 접촉해 본 사람이면 그러한 발언이나 행동이 일부에 불과하다고 생각할 수 있어. 그래서 '나는 한국이 좋고, (실제로 대다수 한국인은) 딱히 반일이 아니라는 것을 알고 있다'와 같이 생각하는 거지. 하지만 '한국인은 반일이 아니다'라든가 '모든 한국인이 일본을 싫어하는 건 아니다'라고 말하는 것은 애초에 왜 '반일(감정과 행동)'이 일어나는지, 일본을 비판하는 사람은 왜 그런지, 더 나아가서는 일본이 그렇게 비판받고 '반일'이 일어날 정도의 일을 해왔다는 사실(일본의 가해 역사)에는 눈길이 가지 않잖아. "젊은이들이 교류하면 문제가 해결되지 않겠어?"라고 말할 때 일본이 저지른 인권 침해를 직접 경험한 사람들을 묵살하고 싶은 의도가 빤히 보이는 느낌이 들어.

구마노 확실히 그래. 그러고 보면 2019년 8월에 한국에서 '노아베 집회'가 열렸을 때 일본 유튜버가 집회에 참가한 한국인과 프리허그 하겠다고 기획한 것도 기억에 남아. 아마 의도는 '한국인은 아베나 일본 정권이 싫은 거지, 일본인을 싫어하는 건 아니다'라는 것을 전달하고 싶었던 것 같아. 그런데 프리허그도 '시민끼리 사이가 좋으면 됐다'라는 입장 같아.

프리허그나 '#좋아요한국'은 내가 역사를 마주하지 않기 위한
면죄부가 되어버린 것 같달까.

이상진 한국인 입장에서 생각하면 '#좋아요한국'이나 프리허그
하는 일본인에게 호감을 느끼는 건 그 사람이 역사에 관심이
있다거나, 혹은 '이제부터 역사도 마주하겠다'라는 선언으로
받아들이기 때문이 아닐까 싶어. 그런 사람들이 역사를 마주
하지 않는다면 갈등의 골이 더 깊어지지 않을까 걱정되는 부
분이야.

현대인의 책임

구마노 내가 일본군 '위안부' 문제를 공부하고 있다고 말하면,
"그건 옛날 일이잖아.", "우리가 한 일도 아닌데 책임져야
해?"라고 말하더라고. 나도 예전에는 과거에 나쁜 짓을 저질
렀다는 건 알고 있었고, 바람직하지 않다고는 생각했지만,
내가 식민지 시대에 살았던 사람도 아니고 직접 가해 행위를
한 게 아니니까 내 책임이 대체 어디까지인지 모호하게 느껴
진 부분이 있었어.

그런 고민을 하고 있을 때 테사 모리스 스즈키의 '연루'라
는 개념을 알게 되었어(189~190쪽 참조). 이 발상에 따르면
나를 포함한 현대인은 과거의 가해 행위를 직접 범하지 않았

기 때문에 직접적인 책임은 없을지도 몰라. 하지만 과거의 악행 때문에 생긴 차별의 구조에 올라탄 현대인은 이익을 누리며 살아가고 있고, 과거의 잘못을 풍화시키는 과정에는 당사자로서 관여하고 있어. 테사 모리스 스즈키는 이러한 현대인과 과거의 관계를 '연루'라고 불러. 그리고 우리 현대인은 그 구조를 무너뜨려야 할 책임, 무너뜨리기 위해 인권 침해의 역사를 풍화시키지 않아야 할 책임이 있다고 논한 거야. 이 얘기를 하면 받아들이는 사람이 의외로 많지 않을까.

이상진 '연루' 이야기가 나와서 말인데, 나는 신사참배에 대한 거부감이 아주 커. (조선인에게 신사참배를 강요한) 역사와 관련이 있는데, 이를테면 메이지 일왕과 왕비를 기리는 메이지 신궁 등에서 머리를 숙여 무언가를 기원하잖아. (현재) 관광지이기도 해서 한국인도 그렇고 외국인이 그곳에서 신사참배를 하기도 하는데, 일본 측은 '천황제'나 '식민지 지배'를 숨기고 있는 느낌이야. 한편에서는 (영토 문제가 된) 독도나 (강제노동 현장인) '군함도'와 관련한 한국 측의 움직임에 일본 측이 강하게 반발하는 모순이 현대사회에서 일어나고 있잖아. 한 사람 한 사람이 그런 모순을 의식하고 마주하지 않으면 문제는 해결되지 않을 거야. 모순을 보지 않는 건 의도적이지 않더라도 문제를 방치하는 데 일조하는 셈이 돼.

우시키 맞아. 한발 더 나아가서 현대인의 시점에서 '지금은 식민지 지배하지 않으니까 끝난 일이야'라고 말한다고 해서, 식

민지 지배의 영향이 사라지는 문제가 아니라는 것을 아는 것
도 중요해. 한 사회를 지배한다는 것은 지배가 끝난 뒤에도
그 악영향을 계속해서 그 사회 안에 남기는 거야. 그런 의미
에서 가해국은 직접 영향을 받지 않으니까 역사를 잊을 수
있지만, 피해국은 역사에 끝이란 게 있을 수 없다는 점도 기
억해야 해.

이상진 현대인이 책임을 자각하기 위해서는 나의 의식 속 모순
을 마주할 필요가 있어. 사실 작년 말에 세미나에서 히로시
마에 갔거든. 히로시마는 원폭자료관 등이 있어 일본이 입은
피해를 기억하는 도시 중 하나인데, 한편에서는 같은 히로시
마 안에 전함 야마토大和를 전시하는 박물관(야마토박물관)을
세우고 가해 역사를 자랑스럽게 기억하고 있었어. 이건 모순
중의 모순이야.

구마노 현대인의 책임 문제에 관해 이야기하자면 나도 '연루'를
통해 우리에게 책임이 있다는 건 알았는데 그럼 어떻게 해야
하는가에 대해서는 물음표가 떠오르더라고. 한일 문제를 어
느 정도 알고 있거나 한일우호를 꿈꾸고, 케이팝과 한류 드
라마를 좋아하는 사람도 어떻게든 행동하려는 마음이 앞서
게 되는 것 같아. 그러니까 '#좋아요한국'이나 '프리허그'가
나온 것 아닐까.

그런데 행동하기 전에 '나는 아무것도 모르고 있구나'라
는 걸 느꼈어. 중요한 건 무지를 깨달았을 때, 자신의 인식

을 돌아볼 기회가 생겼을 때 어떻게 행동하는가야. '더 알아
봐야겠다', '내가 공부해 봐야겠다'라고 생각하는가 아닌가가
꽤 큰 갈림길이라는 생각이 들어. "우리는 그런 역사 교육을
받지 못했다."라고 말하는 사람도 있을 거야. 분명 교육이나
제도 면에서 제약이 따르지만, 중요한 건 그러한 문제를 깨
달았을 때 어떻게 행동할 것인가가 아닐까. 반발하는 사람은
"무슨 얘기인지 모르겠다."라면서 얼버무리기도 하고, "우선
아는 게 중요하다고 하는데 왠지 거부감이 든다."라고 하기
도 하는데, 일단 그런 식의 반발이 나오는 것 자체가 문제인
것 같아.

그리고 '안다'는 것도 자신의 의식을 충분히 개선한다는
의미이지 단순히 사실이나 용어를 안다는 뜻이 아니야. 의식
을 개선해야 비로소 행동으로 옮길 수 있다고 생각해. 구체
적인 행동이라면, 우선 자신이 차별하지 않는 것은 물론이고
차별에 대해 인터넷에서 목소리를 내거나 서명을 하고 집회
에 참여해 보는 등 여러 가지를 해볼 수 있다고 생각해.

'중립'에 있고 싶다?

우시키　친구나 가족들과 역사, 정치 이야기를 하려고 하면 '계
속 비판하니 지친다'라거나 애초에 '그런 이야기는 하기 껄

끄럽다', '일일이 따져야 속이 시원하냐'라는 소리를 들어. 그런 거부감이랄까 부정적인 감정이 드니까 '역사나 정치 이야기를 하는 건 바람직하지 않다', '중립으로 있는 것이 제일 좋다'와 같은 방향으로 흘러가는 것 같아. 그런데 그걸 거꾸로 말하면 역사나 정치를 의식하지 않아도 살아갈 수 있는 환경이 갖춰져 있고 걱정 없이 인생을 살아갈 수 있는 특권을 갖고 있다는 말일 거야. 한편 피해자 측은 일상생활, 아니 인생을 살아가는 내내 계속 피해받고 있는데, 그들은 역사나 정치를 외면하면서 살 도리가 없어. 가해자 측이 계속해서 역사나 정치 문제를 마주해야만 하는 상황에 몰아넣고 있다고 생각해. 일단 그 거부감을 어떻게 해소할 것인가보다는 내가 갖고 있는 거부감을 인지하고 왜 그렇게 느끼는가를 생각해보면 출발선에 설 수 있을 거야.

구마노 그렇지. 즐거운 것만 보면 된다고 하는 것도 특권이고. 나는 부끄럽지만 1학년 때는 사회학부인 주제에 특권이라는 단어를 몰랐어(웃음). 재일조선인에게 "그게 특권이야."라는 말을 들었을 때 당황하면서 특권이 뭐냐며 되물었어. "특권이란 사회학 용어로……" 하는 설명을 들었지(웃음).

오키타 지금 두 사람의 이야기를 듣고 떠오른 건데, 어떤 사람이 인스타그램에 '아이치 트리엔날레 2019'의 〈표현의 부자유전·그 후〉에 전시된 '위안부'를 모티브로 한 '평화의 소녀상'에 관한 글을 올렸어. 의자가 두 개 놓여있는데 그 사람이

'평화의 소녀상' 옆에 앉은 사진을 찍어 올리면서 ('평화의 소
녀상'이나 '위안부' 피해자, 혹은 압력에 의해 중지 위기에 놓인 〈표
현의 부자유전·그 후〉를) '지지합니다'라고 밝힌 거야. 그 사
람은 가게를 운영하고 있었고, 가게 계정을 이용해서 그 글
을 올렸어. 아주 용기 있는 행동이라고 생각하는데, 그 글을
본 내 친구가 "이런 글 올리는 사람 무섭지 않아?", "나는 이
런 정치색이 강한 가게에는 가고 싶지 않아."라고 하는 거야.
(일본군 '위안부' 문제를) 자기와 상관없는 세계라고 반사적으
로 생각할 정도로, 그런 생각이 깊숙이 스며들어 있다는 게
너무 충격적이었어. 일본인은 적극적으로 생각을 표현하는
것을 눈으로 직접 보거나 받아들이는 데 대한 거부감도 있다
고 느꼈어.

구마노　내 안에 정치색이랄까 사상 같은 것을 집어넣는 게 싫다
는 느낌 같기도 한데, 어떤 걸까?

오키타　보통 '배울 기회가 없었다'라는 변명을 쉽게 하는데, 그
런 측면도 있다고 봐. 예를 들어, '평화의 소녀상'에 대한 반
발도, '평화의 소녀상' 사진을 인스타그램에 올린 맥락을 이
해하고, '위안부' 피해자가 실제로 어떤 일을 겪었고, 그게 지
금까지 어떤 식으로 그 사람의 인생에 영향을 미치고 있는지
를 조금이라도 들어본 적이 있다면, 반응이 조금은 다르지
않았을까. 단순히 '정치적으로 너무 편향되어 있다', '무섭다'
라는 인식이 아니라 '이 사람은 표현의 자유가 짓밟힌 것에

대해 항의하고 있구나'라든지 다른 식으로 이해할 수도 있었을 거야.

구마노 '중립'으로 있고 싶은 걸까? 그런데 애초에 뭐가 '중립'일까? 그 '중립'을 결정하는 건 과연 누구일까? 게다가 '중립'으로 있으려는 것도 실제로는 아주 정치적인 선택이야. 피해자와 가해자가 있는 문제에서 나는 '중립'이라는 위치만 취한다면, 가해자의 폭력은 멈추지 않을 텐데 결국 가해자 옹호밖에 더 되겠어? 내가 '중립'이라고 생각하는 위치가 실제로는 굉장히 가해자 쪽으로 기운 것일 수도 있다는 말이야. 그렇게 보면 '중립'이라고 표명하는 게 오히려 가해 행위라는 생각이 들어.

우시키 사람을 사람으로 보지 않는, 상대방(피해자나 피해국의 사람들)을 나와 같은 인간으로 인식하지 못하는 데 문제가 있다고 생각해. '중립'에 있고 싶다고 생각할 때, 그 대상이 인간이라는 존재와는 분리된 '이데올로기 논쟁'으로 다뤄지기 쉬운 것 같아. '위안부' 문제도 사람의 인생 이야기가 아니라 '이데올로기 논쟁'으로 보는 거지. 피해자가 받은 피해를 무시하고, 우리와는 상관없는 일로 치부하려는 역학은 상대방을 고통을 느끼는 인간으로 대하지 않기 때문이라고 생각해. 중요한 건 역사 지식의 유무가 아니라 피해자에 대한 인권 침해를 내가 직시해야 할 문제로 받아들일 수 있느냐 아닐까. 거기서부터 출발한다면 내가 '중립'인지 아닌지는 무의미한 사고라는 생각이 들 거야.

이상진 왜 '중립'을 취하고 싶은가 생각해 보면, 자신의 '존재의 의'와 밀접한 관계가 있어서 아닐까. 예를 들어, 최근에는 한국이나 일본에서도 조금씩 페미니즘이 확산하고 있는데, 그것을 문제시해서 '중립'으로 있겠다는 사람 중에는 남성이 많아. 자신의 '존재의의'와 밀접한 연관이 있으니까 그것을 굳이 무시하면서 '그런 이야기를 하는 건 의미가 없다'라는 식으로 생각하는 것 아닐까. 정치나 역사 이야기를 '무섭다'라고 말하는 것도 실제로는 자신의 정체성과 밀접하게 연관이 있고, 내가 연관된다면 혼란스러우니까 억지로 피하고 있는 것 같아.

일본이라는 나라에 충성을 다해야만 한다?

구마노 일본이라는 국가를 비판하면 곧바로 '반일' 소리를 들어. 한국인뿐 아니라 일본 정부에 반대하는 일본인도 '반일'이라고 하잖아. 비판을 허용하지 않는 분위기가 강한 것 같아.

우시키 맞아. '반일'이라는 단어 뒤에는 '비국민非國民'*이라는 뉘앙스가 풍기지. 조화를 깨뜨리는 자를 배제하고 싶은, 다수

---

* 국민으로서 의무와 본분을 다하지 않는 자라는 뜻으로, 특히 제2차 세계대전 당시 군이나 일본 정부에 비협조적인 사람을 비난하는 말로 쓰였다.

가 잘하면 그걸로 족한데, 왜 조화를 깨뜨리느냐는 사고방식이 느껴져. 한편으로는 '친일'이라는 단어도 뉴스 기사에서 종종 보이는데, 일본의 제국주의와 관계없는 문맥인데도, 타이틀에 '친일의 무엇무엇이', '반일의 무엇무엇이' 같은 게 붙는 경우도 많아. 자기 본위의 기준에서 '반일'이나 '친일' 둘로 나눠 상대를 평가하고, '반일'이면 '머리가 이상한 사람', '미개한 사람'으로 보지. '반일'이 일어나고 있다면 왜 일어나는지를 생각해야 하는데, 그 문제는 전혀 생각하지 못하는 거야. '친일', '반일'이라는 단어를 쉽게 쓰는 사람이 너무 많은 것 같아.

아사쿠라 한국인이 일본에 와서 역사 문제를 공부하면, '일본이 싫으면 한국으로 돌아가면 되잖아' 하는 식으로 말하는 사람이 있다고 들었어. 일본의 식민지 지배 역사를 공부하면 일본을 싫어한다, '반일'이다라고 단순히 연결 짓는 건 이상해. 일본 위주로 생각하니까 '반일', '친일'로 나눠버리는 것 같아.

구마노 나도 동의해. 2019년 3·1 독립운동 100주년 때도 한국에서 집회가 열리니까 자민당 외교부회가 한국의 해외안전정보를 레벨2로 올려야 한다고 주장했잖아. 실제로 외무성이 '집회에 유의하라' 같은 메시지도 보냈고. 일본 정부도 한국을 '반일'로 보고 있다고 느꼈어. 그리고 많은 일본인이 '반일'이라는 표현에 망설임이 없달까, 엄청 가볍지 않아? '친일·반일'을 가볍게 말하는 것에도 문제가 있는데, 정치적인 발언은 회피하는 일본인이 그런 표현에 대해서는 어째서인지 정치성을 느끼지 않아. 그게 왜인지도 고민해 봐야 해.

아까 한국인에 대해 '한국으로 돌아가라' 같은 말을 한 사람이 있다고 지적했는데, 그건 재일조선인에 대해서도 마찬가지야. 일본에 사는 사람이나 일본과 연관된 사람은 '일본이라는 국가에 충성을 맹세해야 한다'라는 사고가 무의식일지 모르겠지만 깔려있어. 그건 크게 정치적이지 않다고 여기고 당연하게 생각해. 일본인은 자기와 다른 사상을 가진 사람을 배제하는데, 특히 한국이나 재일조선인에 대해서는 그들의 사고방식을 통제하려고 하는 종주국 정신, 즉 식민주의가 있는 것 같아.

우시키 한마디 덧붙이자면, '의견이 다양한 것은 당연'하다고 말하면서 일본 정부와 다른 의견을 내는 한국에 대해서는 자기 생각대로 끌고 가고 싶어 하고, 생각대로 되지 않으면 참지 못하는 심리도 있는 것 같아. 그런데 일본인은 미국이나 유럽 국가에 대해서는 다른 태도로 대해. 미국이 비판하면 열심히 일본을 바꾸려고 하는데, 같은 말을 한국이 하면 받아들이지 않고 철저히 무시하는 느낌이 있지 않아?

구마노 그거 말인데 "한국 여행 가면 위험하지 않아?", "북한이 공격하는 거 아냐?", "중국이 침략하는 거 아냐?", "(중국이) 이미 경제적으로는 침략하고 있지." 같은 이야기를 하는 사람이 있어. 일본이 다른 아시아 국가들을 공격하고 경제적으로 침략해 온 사실은 깡그리 잊었나 봐. 그런 역사를 전부 망각해서 '반일' 발언이 나오는 걸까.

사회를 변화시키는 건 우리

구마노 예전에 다른 수업 시간에 '왜 일본 정치나 정부는 바뀌지 않는가'에 대한 이야기가 나왔는데, 우시키 미쿠가 그 자리에서 "그건 일본인이 바뀌지 않으니까."라고 훅 들어온 적이 있었어. 정곡을 찔렀다고 생각했지. 이런 일본의 심각한 상태에 대해 '우리는 그렇지 않아', '우리는 혐오시위를 벌이지 않으니까', '한일관계를 망치지 않았어', '한국을 배려하고 있잖아'라는 식으로 생각하면서 현재 일본의 정치나 차별 상황을 지지하고 있다는 인식이 없다는 게 진짜 문제라고 생각해. 바꾸고 싶다면 나부터 바뀌어야 해.

우시키 그 말이 맞아. 앞으로도 계속 공부하면서 주변부터 조금씩 바꿔나가고 싶어.

책을 펴내며

2020년 내가 진행한 학부 세미나(한반도의 근현대사)에서는 매번 정해진 시간을 훌쩍 넘겨 서너 시간가량 토론이 이어졌다. 학생들에게 물어보니 "지금까지 살아오면서 한일 역사 문제에 대해 동세대와 같이 이야기할 기회가 전무했다. 이 세미나는 문제의식이 비슷한 사람이 많아서 이야기할 수 있지만, 다른 곳에서는 이야기하기 어렵다."라고 털어놓았다. 이 책에서도 언급한 것처럼 일본 사회에는 일본의 조선 침략과 식민지 지배에 관해서 회피하는 경향이 있기에 세미나는 값진 자리였다.

"이거 좀 이상하지?", "맞아, 나도 예전부터 그렇게 생각했다니까?" 이런 대화가 매주 이어졌다. 마음 깊숙이 품고만 있던 답답함을 처음으로 서로 공유한 순간이다.

학생들의 물음은 조선 침략과 식민지 지배의 책임을 마주하지 않는 일본의 정치·사회로 향했다. 나아가 일본의 민주주의가 안고 있는 한계, 성차별을 비롯한 심각한 인권 인식 등에 대해서도 논의가 깊어졌다.

한반도의 근현대사와 일본의 조선 침략 및 식민지 지배를 공부하는 것은 내가 속한 사회, 혹은 내가 살아가는 방식이나 인식을 재고하는 작업으로 이어질 수밖에 없다는 사실을 학생들의 논의 과정이 보여주었다고 생각한다.

학생들은 교외에서 진행되는 한반도의 근현대사 관련 학습회 등에도 적극적으로 참여했다. 또 나의 세미나에 소속되어 본격적으로 연구를 진행한 대학원생의 이야기를 듣거나, 대학원생과 함께 학습하는 시간도 가졌다. 그러한 경험이 큰 자극이 된 듯하다.

이런 식으로 공부하다 보니 정치와 사회를 변화시키는 것은 이 사회에서 살아가는 한 사람 한 사람이라는 것을 깨달았다고 학생들은 토로했다. 그렇게 사회를 움직이려는 시도에서 기획한 것이 이 책이었다.

2020년 여름 세미나에서 이 책의 기획에 대한 논의를 시작해 콘셉트와 구성을 서서히 잡아갔다. 그리고 최종적으로 학생 다섯 명이 집필을 맡게 되었다. 아쉽지만 구직 활동 등의 사정으로 집필에 참여하지 못한 학생들도 있었는데, 이 책의 제작 과정에서 귀중한 아이디어를 제공해 주었다. 세미나의 누구 한 사람만 빠졌어도 이 책은 완성되지 못했을 것이다. '세미나 펴냄'이라고 한 것은 그런 연유에서다.

이 책은 일본의 조선 침략 및 식민지 지배의 역사를 함께 공부하고, 진지하게 생각해 보는 장을 넓히기 위해 만든 것이다. 일본 사회에서는 이러한 주제에 대해 개인이 발언하는 일은 그리 많지 않다. 그렇기에 학생들이 만든 이 책이 이러한 문제에 대해 많은 사람이 생각할 계기가 되기를 기원한다. 부디 이 책의 감상을 SNS에 올려 주변 사람들과 공유해 보기를 바란다.

이 책에서는 학생들이 본인의 경험과 고민을 솔직하게 털어놓으면서 역사를 이야기한다. 역사학이라고 하면 전문가인 역사학자가 맡아서 할 분야라고 생각하는 사람도 있을지 모른다. 그러나 역사 공부는 개개인이 삶 속에서 겪는 문제와 밀접한 연관이 있고, 개개인의 생활과 분리해서는 역사학이 성립하지 않는다고 믿는다. 이 책은 그러한 생각을 바탕으로 구성되었다.

아울러 역사학의 연구 성과를 바탕으로 기술하는 것에 중점을 두었다. 안타깝지만 일본 사회에는 연구 성과를 무시하고 역사 사실을 부정하거나 왜곡하는 주장이 끊이지 않고 있다. 이러한 인식의 문제점을 깨닫는 데에도 이 책을 활용해 주기를 바란다. 덧붙여 더 자세히 공부하고 싶은 독자에게는 오카모토 유카岡本有佳와 함께 펴낸 《누가 한일 '대립'을 만들었나: 징용공, '위안부' 그리고 미디어だれが日韓「対立」をつくったのか:徴用工,「慰安婦」,そしてメディア》를 추천한다.

가토 게이키 교수

에필로그

돌이켜 보면 우리의 도서 제작 프로젝트는 코로나 위기 속에서 한 번도 대면하지 않은 채 2020년 여름 첫발을 뗐습니다. 우리는 각기 다른 입구에서 한반도의 근현대사 세미나에 들어와 한반도와 일본의 역사를 공부하기 시작했습니다. 세미나 시간에는 한반도에 대한 일본인의 인식이나 젊은 세대의 역사 인식, 우리가 느낀 '한일'과 관련한 답답함 등에 대해 매주 의견을 나누었습니다. 이러한 토론 과정을 통해 최근 케이팝과 한국 드라마 등의 한국 문화가 젊은 세대를 중심으로 유행하는 한편, 한반도와 일본의 역사에 관해서는 이야기 나누는 일이 드물다는 위화감을 공유하게 되었습니다. 이 말은 곧 비교적 한국이란 나라를 좋게 생각한다는 우리 세대도 식민지 지배 역사를 경시하는 분위기가 있다는 것이고, 우리 자신도 가해자가 될 수 있다는 뜻이었습니다. 그래서 젊은 세대도 한반도와 일본의 역사를 이야기하지 않는 상황 속에서 역사를 공부하며 답답해했던 우리가 입문서를 만드는 것 자체에 의미가 있겠다는 생각이 들었습니다.

원고는 우리의 지도교수이자 이 책의 감수자인 가토 게이키 선생님의 조언과 지도를 받으며 집필했습니다. 역사적 지식을 다루는 부분에서는 어떻게 해야 초심자도 이해하기 쉬운 책으로 만들 것인가를, 우리의 경험을 기록한 부분에서는 답답한 감정을 어떻게 언어로 정확하게 옮길 것인가를 고민했습니다. 매일 수업과 과제, 졸업 논문과 씨름하면서 쓰고 고치고, 쓰고 고치기를 반복했습니다. 한국 문화를 좋아하는 사람, 역사에 큰 관심이 없는 사람들도 '한일'관계를 둘러싼 답답함에 관해 기탄없이 이야기 나눌 수 있는 장이 늘어나기를 바라는 마음으로 그렇게 집필을 이어 나갔습니다.

우리가 이 책의 핵심이라고도 할 수 있는 '답답함'을 중요하게 여긴 이유는 답답해하는 것 자체가 나를 직시하는 계기가 될 수 있어 의미가 있다고 믿기 때문입니다. 그러므로 이 책이 '한일'관계의 답답함을 완전히 없애기 위한 책이라기보다는 독자 한 사람 한 사람이 답답함을 외면하지 않고 자신의 인식을 되돌아보고 계속 생각할 계기가 되는 책이 된다면 기쁠 것 같습니다. 이 책을 다 읽고 난 지금, 마음이 더 답답해진 사람이 있을지도 모르겠습니다. 하지만 그래도 괜찮습니다. 중요한 것은 그 답답함을 마주하는 것이라고 생각합니다. 공부하면 할수록 새로운 답답함이 여기저기서 튀어나올 것입니다. 우리의 답답함도 계속되고 있고, 이 답답함에는 끝이 없으리라 생각합니다.

마지막으로 이 책을 제작할 때 많은 분이 도와주셨습니다. 우선 우리와 같은 세미나 소속인 하바 이쿠호羽場育步, 후배인 야마다 타스쿠山田祐育, 가미고치 모에上垣内萌, 기요오카 미즈키清岡海月는 원고 피드백을 해주었습니다. 하바 이쿠호는 우리의 캐리커처까지 맡아주었습니다. 일본군 '위안부' 문제 웹사이트 제작위원회, VAWW RAC, 그리고 '희망의씨앗기금希望のたね基金' 운영진 아베 아야나阿部あやな로부터 사진을 제공받았습니다. 이 외에도 많은 분이 '한일'관계로 답답했던 경험담을 들려주었습니다. 그리고 편집자인 가도타 미카角田三佳는 이 책의 의의를 이해해 주고 출판이 될 때까지 몇 번이고 의견을 내주었습니다. 이 책의 제작을 도와주신 모든 분에게 집필자를 대표해 감사하다는 말씀을 전합니다.

2021년 4월
집필자를 대표해,
구마노 고에이

사진 출처

참고 문헌

· 본서 전체

岡本有佳·加藤圭木編『だれが日韓「対立」をつくったのか:徴用工、「慰安婦」、そしてメディア』、大月書店、2019.

糟谷憲一『朝鮮半島を日本が領土とした時代』、新日本出版社、2020.

糟谷憲一·並木真人·林雄介『朝鮮現代史』、山川出版社、2016.

梶村秀樹、梶村秀樹著作集刊行委員会·編集委員会編『梶村秀樹著作集 第4巻 朝鮮近代の民衆運動』、明石書店、1993.

이타가키 류타, 김부자《Q&A '위안부' 문제와 식민지 지배 책임》、삶창、2016.

ウェブサイト「FIGHT FOR JUSTICE 日本軍「慰安婦」−忘却への抵抗·未来の責任」

야마구치 도모미, 노가와 모토카즈, 테사 모리스 스즈키, 고야마 에미《바다를 건너간 위안부: 우파의 '역사전'을 묻는다》、어문학사、2017.

李成市·宮嶋博史·糟谷憲一編『世界歴史大系 朝鮮史2 近現代』、山川出版社、2017.

· 한국 연예인은 왜 '위안부' 굿즈를 착용해?

アクティブ·ミュージアム「女たちの戦争と平和資料館」編『証言 未来への記憶 アジア「慰安婦」証言集I 南·北·在日コリア編』上·下、明石書店、2006·2010.

アクティブ·ミュージアム「女たちの戦争と平和資料館」ウェブサイト (https://wam-peace.org、2020年 9月 10日 取得)

전쟁과 여성 대상 폭력에 반대하는 연구행동센터《그들은 왜 일본군 '위안부'를 공격하는가: 강제연행, 고노 담화, 국민기금을 둘러싼 논쟁의 핵심을 말한다》、휴머니스트、2014.

徐台教『「日本への攻撃ではない」「ICJは恐れない」…慰安婦訴訟の代表弁護士が語る"日本政府賠償判決"の全て」、YAHOO!JAPANニュース、2021年 1月 14日 (https://news.yahoo.co.jp/byline/seodaegyo/20210114-00217560,

2021年 1月 30日 取得)

김부자, 김창록, 나카노 토시오, 오카모토 유카, 이타가키 류타 《'위안부' 문제와 미래에 대한 책임: 한일 '합의'에 대항하여》, 민속원, 2018.

VAWW-NET ジャパン編『Q&A 女性国際戦犯法廷−「慰安婦」制度をどう裁いたか』, 明石書店, 2002.

요시미 요시아키 《종군 위안부 자료집》, 서문당, 1993.

요시미 요시아키 《일본군 '위안부' 그 역사의 진실: 일본군 '위안부' 제도란 무엇인가》, 역사공간, 2013.

・칼럼 | 마리몬드와 '소녀상'

竹下郁子「BTSにTWICEも! 韓国アイドルが着用する慰安婦支援ブランドがついに日本上陸」, BUSINESS INSIDER, 2018年12月3日 (https://www.businessinsider.jp/post-180580, 2021年 1月 5日 取得)

日本軍「慰安婦」問題 web サイト制作委員会編, 岡本有佳・金富子責任編集『増補改訂版〈平和の少女像〉はなぜ座り続けるのか−加害の記憶に向き合う』, 世織書房, 2016.

・한국은 왜 '군함도' 세계유산 등재를 반대한 거야?

強制動員真相究明ネットワーク『朝鮮人強制動員Q&A』2016年(以下よりダウンロード可能, https://ksyc.jp/sinsou-net/20161007rennkouQ&A.)

竹内康人『調査・朝鮮人強制労働〈1〉炭鉱編』, 社会評論社, 2013.

竹内康人「軍艦島・否定できない強制労働の歴史」『世界』第936号, 2020.

나가사키 재일조선인의 인권을 지키는 모임 《군함도에 귀를 기울이면: 하시마에 강제 연행된 조선인과 중국인의 기록》, 도서출판선인, 2017.

朴貞愛「戦時下の日本の地域の"企業慰安所"と朝鮮人"企業慰安婦"の真相調査: 北海道と九州地域を中心に」, 対日抗争期強制動員被害調査および国外強制動員犠牲者等支援委員会, 2011.

山田昭次・古庄正・樋口雄一『朝鮮人戦時労働動員』, 岩波書店, 2005.

・왜 한국 연예인은 8월 15일에 '반일' 글을 올리는 거야?

板垣竜太「植民地支配責任を定立するために」中野敏男ほか編『継続する植民地主義—ジェンダー／民族／人種／階級』, 青弓社, 2005.

加藤圭木「日露戦争下における朝鮮東北部の『軍政』」『一橋社会科学』第8巻, 2016.

杉並歴史を語り合う会・歴史科学協議会編『隣国の肖像: 日朝相互認識の歴史』, 大月書店, 2016.

趙景達「日露戦争と朝鮮」安田浩・趙景達編『戦争の時代と社会−日露戦争と現代』, 青木書店, 2005.

와다 하루키《한국병합 110년만의 진실: 조약에 의한 병합이라는 기만》, 지식산업사, 2020.

· 칼럼 | 인스타 감성 명소 '경복궁'

君島和彦「壬辰戦争と景福宮」『日韓相互認識』第10号, 2020.

김문자《명성황후 시해와 일본인》, 태학사, 2011.

대한민국 문화재청〈경복궁 변천사(上)〉, 2007.

· 칼럼 | 왜 독도를 한국 땅이라고 하는 거야?

동북아역사재단〈한일 역사 속의 우리 땅 독도〉, 2017.

内藤正中・金柄烈『竹島・独島: 史的検証』, 岩波書店, 2007.

· 왜 한국인은 '레이와' 글에 반응하는 거야?

김대호〈1910−20년대 조선총독부의 朝鮮神宮 건립과 운영〉, 서울대학교 대학원 석사 논문, 2003.

朴慶植・水野直樹・内海愛子・高崎宗司『天皇制と朝鮮』, 神戸学生青年センター出版部, 1989.

· 칼럼 | 케이팝 아티스트가 입은 '원폭 티셔츠'

米山リサ(小沢弘明・小澤祥子・小田島勝浩訳)『広島 記憶のポリティクス』, 岩波書店, 2005.

· 한국 아이돌은 왜 다들 군대에 가?

大沼久夫編『朝鮮戦争と日本』, 新幹社, 2006.

徐京植『秤にかけてはならない—日朝問題を考える座標軸』, 影書房, 2003.

한홍구〈한홍구의 역사 이야기: 찬란한 '병영국가'의 탄생〉, 한겨레21, 2002년 2월

20일 (http://h21.hani.co.kr/arti/COLUMN/44/4532.html)

한홍구《대한민국사: 단군에서 김두한까지》, 한겨레출판, 2003.

한홍구《대한민국사 2: 아리랑 김산에서 월남 김상사까지》, 한겨레출판, 2003.

ブルース・カミングス(鄭敬謨・林哲・加地永都子訳)『朝鮮戦争の起源』第1巻・
　　第2巻, 影書房, 1989・1991.

・칼럼 | 한국 영화의 매력

加藤直樹「民主化運動の歴史を描いた韓国映画を観る」, 情報・知識&オピ
　　ニオンimidas, 2018年 11月 23日 (https://imidas.jp/jijikaitai/l-73-030-18-
　　11-g694/3, 2021年 1月 5日 取得)

서중석《한국현대사 60년》, 역사비평사, 2007.

徐台教「『光州事件』を越えて~韓国民主化の中で40年生き続けた光州5.18を知
　　る (上)(中)(下)」, 情報・知識&オピニオンimidas, 2020年 6月 29日~7月 1日
　　(https://imidas.jp/jijikaitai/D-40-141-20-06-g734, 2021年 2月17日 取得)

・일본인인 줄 알았는데 한국인이었어?, 칼럼 | 전후 일본은 평화 국가?

ウリハッキョをつづる会『朝鮮学校ってどんなとこ?』, 社会評論社, 2001.

가토 나오키《구월, 도쿄의 거리에서: 1923년 간토대지진 대량학살의 잔향》, 갈무
　　리, 2015.

金誠明「在日朝鮮人の民族教育と自決権: 朝鮮学校『高校無償化』排除と朝鮮民
　　主主義人民共和国」, 『歴史評論』第822号, 2018.

金誠明「解放後の法的地位をめぐる在日朝鮮人運動」, 一橋大学大学院社会学研
　　究科博士論文, 2021.

徐京植『分断を生きる—「在日」を越えて』, 影書房, 1997.

서경식《역사의 증인 재일 조선인: 한일 젊은 세대를 위한 서경식의 바른 역사 강
　　의》, 반비, 2012.

趙景達編『植民地朝鮮 その現実と解放への道』, 東京堂出版, 2011.

정영환《해방 공간의 재일조선인사: '독립'으로 가는 험난한 길》, 푸른역사, 2019.

鄭栄桓「在日朝鮮人の『国籍』と朝鮮戦争 (1947-1952年) —『朝鮮籍』はいかに
　　して生まれたか」, 『PRIME』第40号, 2017.

朴三石『知っていますか, 朝鮮学校』, 岩波書店, 2012.

法務省『在留外国人統計』, 2020年 6月.

梁英聖『レイシズムとは何か』, 筑摩書房, 2020.

・케이팝을 좋아한다고 비판하는데, 어떻게 받아들여야 해?

加藤直樹「百田尚樹氏『日本国紀』の「朝鮮人虐殺」記述の過ち」, アジアプレス
   ・ネットワーク, 2019年 4月 9日 (http://www.asiapress.org/apn/2019/04/
   japan/77395/, 2021年 2月 16日 取得)
金富子『継続する植民地主義とジェンダー――「国民」概念・女性の身体・記憶と
   責任』, 世織書房, 2011.
宋連玉『脱帝国のフェミニズムを求めて 朝鮮女性と植民地主義』, 有志舎,
   2009.

・칼럼 |《82년생 김지영》

이민경《우리에겐 언어가 필요하다: 입이 트이는 페미니즘》, 봄알람, 2016.
小川たまか「韓国のフェミニズムは盛り上がっているのに, なぜ日本は盛り上
   がってないの？って言われる件」, HUFFPOST, 2019年 4月 4日(https://
   www.huffingtonpost.jp/entry/story_jp_5ca32d7ee4b04693a946f0e6, 2021年
   3月 18日 取得)
タバブックス編『韓国フェミニズムと私たち』, タバブックス, 2019.
趙慶喜「韓国における女性嫌悪と情動の政治」, 『社会情報学』6巻 第3号, 2018.

・단순한 케이팝 팬이 역사를 배우기 시작한 이유

テッサ・モーリス＝スズキ「謝罪は誰に向かって, 何のために行うのか?: 「慰安
   婦」問題と対外発信」前掲山口智美ほか『海を渡る「慰安婦」問題』

우리가 모르는 건 슬픔이 됩니다

초판 1쇄 인쇄 2024년 3월 21일
초판 1쇄 발행 2024년 3월 29일

지은이 히토쓰바시대학교 사회학부
     가토 게이키 세미나
감수 가토 게이키
옮긴이 김혜영
펴낸이 김문식 최민석
총괄 임승규
책임편집 명지은
기획편집 이혜미 조연수 김지은
     김민혜 신지은 박지원
마케팅 조아라
디자인 배현정

펴낸곳 (주)해피북스투유
출판등록 2016년 12월 12일 제2016-000343호
주소 서울시 성북구 종암로 63, 5층 (종암동)
전화 02)336-1203
팩스 02)336-1209

© 히토쓰바시대학교 사회학부 가토 게이키 세미나, 2024
ISBN 979-11-7096-149-9 (03300)